思维大爆炸

挑战超级脑力的记忆开发游戏

成为记忆高手

陈家佳 ◎ 著

中国法制出版社
CHINA LEGAL PUBLISHING HOUSE

前　言

记忆高手是练出来的

　　我曾经也像很多人一样，饱受记忆力差的困扰，甚至觉得自己一无是处，连最简单的内容都记不住。然而，正是种种困扰最终激发我去研究提升记忆力的方法。我不仅通过学习记忆方法解决了记性差的问题，还因此成了记忆法爱好者，专门研究如何利用记忆法去学习。为此，我还特地开发了一款专门训练记忆力的App，感兴趣的读者可以关注我的微信公众号下载。

　　在研究记忆力的过程中，我发现如果只是讲记忆方法效果并不好，内容单一，形式枯燥，并不利于学习。于是我又开发了脑力训练游戏，在做游戏的过程中学习记忆方法，这种形式更容易被读者接受。

　　我在写这本书时也是遵循这一想法，尽可能通过有意思的游戏训练、开发我们的大脑。同时，书上的每一个项目都是可以原样反复训练的，也可以修改后再进行训练。这样读者在购买之后，就可以充分挖掘这本书的价值，而不是看完就扔，扔完就忘了。

　　我们的大脑不是经过一次训练、开发就能获得惊人的进步的，大脑的训练、开发是一个长期的过程，需要坚持不懈，因此建议读者在练习的过程中试着自行修改题目，举一反三，通过大量的反复练习提高记忆效果。

  本书主要从记忆力、注意力、观察力、反应力、判断力、想象力、逻辑力、心算能力、思维能力等方面着手，尽可能全面地训练我们的脑力，让我们的大脑得到充分的开发。有些训练项目看似与记忆力并不直接相关，如心算能力训练等，但其实都是为了提升我们的脑力，激发大脑的潜能，从而促进记忆力的提升。书中的部分训练项目，在我开发的App中也有，大家可以在App上进行训练。

  我们的大脑需要长期坚持训练，才可以保持高效运转的状态，就像专业运动员一样，必须保持足够的训练强度，才能保持较高的水平。如果中间有一段时间中断了训练，体能和竞技状态就会迅速下降。

  所以我认为，记忆高手都是练出来的，即便你在这方面没有天赋，也可以通过后天的训练，逐步提升自己的记忆力。

目 录

第一章　图像记忆：简单高效的记忆技巧 …………………… 1

　　第一节　瞬时记忆图形 / 2

　　第二节　两两配对 / 5

　　第三节　三图串联 / 8

　　第四节　多图串联 / 10

　　第五节　多行图形排列 / 12

第二章　文字记忆：从字词到短句的秘密 …………………… 17

　　第一节　瞬时记忆文字 / 18

　　第二节　双汉字记忆 / 21

　　第三节　双词语记忆 / 25

　　第四节　词语串联记忆 / 29

　　第五节　历史年代连一连 / 30

　　第六节　谁写的什么 / 35

第三章　数字记忆：再长的数字也可以轻松搞定 …………… 41

　　第一节　谐音记忆 / 42

　　第二节　数字编码 / 43

　　　　　第三节　数字配对 / 48
　　　　　第四节　多数字记忆 / 52
　　　　　第五节　文字与数字 / 53

第四章　注意力：专注是玩出来的 …………………………… 59
　　　　　第一节　数字舒尔特 / 60
　　　　　第二节　字母舒尔特 / 63
　　　　　第三节　汉字舒尔特 / 65
　　　　　第四节　诗词舒尔特 / 66
　　　　　第五节　图形舒尔特 / 70
　　　　　第六节　综合舒尔特 / 71
　　　　　第七节　数字复述 / 72
　　　　　第八节　找数圈字 / 74
　　　　　第九节　报数 / 76
　　　　　第十节　找不同 / 77
　　　　　第十一节　找相同 / 81
　　　　　第十二节　视点凝视 / 84
　　　　　第十三节　视点移动 / 86
　　　　　第十四节　注意力分配 / 86
　　　　　第十五节　旋转问题 / 90

第五章　洞悉一切：火眼金睛的观察力 ………… 93

第一节　文字异同 / 94

第二节　图形之异 / 98

第三节　找相同 / 100

第四节　图形规律 / 102

第五节　棋盘复原 / 105

第六节　缺少的字符 / 112

第七节　数字规律 / 115

第八节　看图画图 / 118

第九节　数黑点 / 120

第十节　不一样的句子 / 124

第六章　反应力：爆发吧，敏捷大脑 ………… 127

第一节　倒背如流 / 128

第二节　组词 / 128

第三节　找字组词 / 131

第四节　选出指定类型的词语 / 132

第五节　反着做 / 134

第六节　报出物品的数字代号 / 135

第七章　判断力：快速决策的超脑训练 139

第一节　算式与数字的大小比较 / 140

第二节　算式与算式的大小比较 / 140

第三节　哪个大 / 141

第四节　选择量词 / 142

第八章　想象力：打开梦想世界的钥匙 143

第一节　两个物品的相似处 / 144

第二节　动物与物品的相似处 / 147

第三节　物品与数字的关联 / 150

第四节　假如是我，我会怎么做 / 152

第五节　趣味组合 / 153

第六节　奇装异服 / 156

第七节　编故事 / 158

第八节　词语接龙 / 159

第九节　特征联想 / 160

第九章　快速心算：唤醒数学脑 163

第一节　神奇的乘法 / 164

第二节　首同尾互补的两位数的乘法 / 165

第三节　头互补尾相同的两位数的乘法 / 166

第四节　个位数之和为10、十位数相差1的两位数的乘法 / 167

第五节　个位数是1的两位数的平方 / 168

第六节　个位数是1的两位数的乘法 / 169

第十章　逻辑与思维：智慧思考的艺术 …………………… 171

第一节　逻辑判断 / 172

第二节　逻辑排序 / 173

第三节　事前准备 / 176

第四节　逻辑推理 / 178

第十一章　思维发散：快速打破记忆瓶颈 ………………… 179

第一节　词语发散 / 180

第二节　图形发散 / 183

第三节　最重要的事 / 186

第四节　词语拆分发散联想 / 188

第五节　成语发散联想 / 190

第六节　拼音之谜 / 192

第七节　汉字叠加 / 194

第八节　模仿词语结构 / 195

第十二章　数学与记忆：我是天才数学家 199

第一节　简单计算 / 200

第二节　趣味数学 / 202

第三节　拉丁方块 / 203

第四节　数独 / 207

第五节　算式填空 / 210

参考答案 212

第四章答案 / 212

第五章答案 / 218

第六章答案 / 224

第七章答案 / 226

第八章答案 / 228

第九章答案 / 230

第十章答案 / 231

第十一章答案 / 233

第十二章答案 / 240

第一章

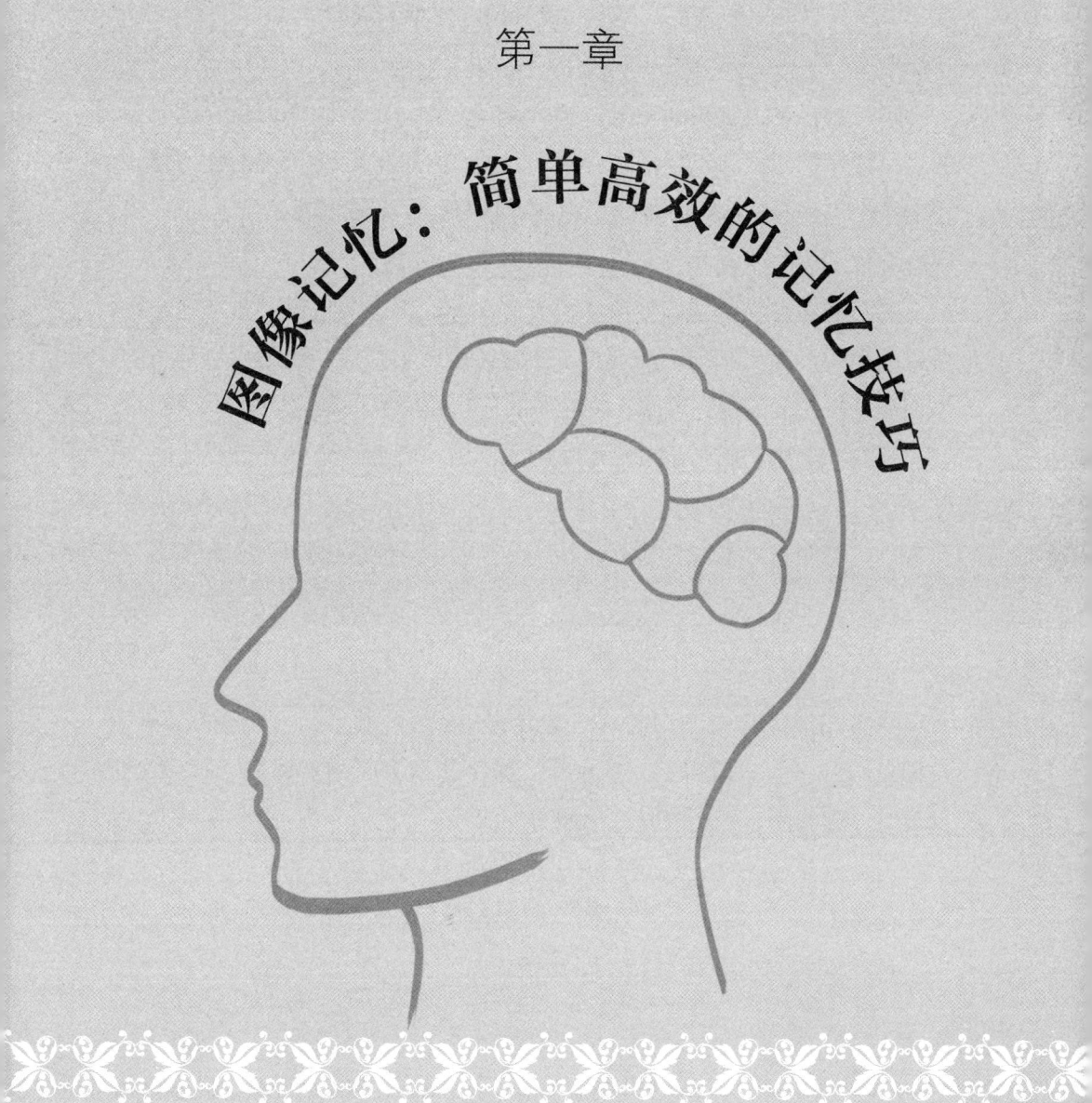

图像记忆：简单高效的记忆技巧

第一节　瞬时记忆图形

瞬时记忆，也称瞬间记忆，指的是在几秒钟的时间内记住少量内容，并且只能保持几秒的记忆，之后就忘记了。比如我们走在马路上，看到路边的一个广告牌，看了一眼广告中的电话号码，当时可能记住了，可一转眼就忘记了。

瞬时记忆存在于我们生活中的方方面面，因为我们没有刻意地记忆，所以很多内容在头脑中转瞬即逝。不过，瞬时记忆能力也是可以训练的，从而能延长记忆的保持时间，将有用的信息转换成短时记忆或长久记忆。

请在3秒内按顺序记忆下面的图形：

记完后，请闭眼回想是哪三个图形。

你记住没？

这里图形只有三个，也不是复杂的、相似的图形，可能有的读者看一眼就记住了，也没有刻意地去记。接下来就到了游戏时间，循序渐进地练习，很快就会提高瞬时记忆能力。

训练1

请在3秒内按顺序记忆下面的图形：

记完后，请闭眼回想是哪些图形。

你记住没？用手捂住前面的图形，将答案画出来：

大家在记忆时，不要记图形的名称，也就是不要记忆菱形、三角形、正方形、圆、倒梯形这些文字，而是在脑海中记忆图形的形状，在闭眼回想时，也要回想相应的图形的形状。这样是属于右脑的图像记忆，记忆的速度比左脑的机械式记忆快。

训练2

请在3秒内按顺序记忆下面的图形：

记完后，请闭眼回想是哪些图形。

你记住没？用手捂住上面的图形，将答案画出来：

这里有三个是相似的带箭头的图形，有两个是相似的方形图形，有一定的混淆性，这就考验大家在大脑中回想的准确性了。如果记不住或记忆产生了错误，可以多看一两秒。

训练3

请在3秒内按顺序记忆下面的图形：

记完后，请闭眼回想是哪些图形。

你记住没？用手捂住上面的图形，将答案画出来：

这里的图形也是有一定的相似性的，且有的是不规则的图形，相对来说，在脑海中回想时会有一定难度。有的图形不可能完完全全地回忆出来，如第一个爆炸的图形，可以在脑海中回想出个大概的样子，没必要每一个尖角都回想出来，毕竟记忆的时间有限，没时间去数有多少个尖角，也没时间去比较每个尖角的长短。

训练4

请在5秒内按表格顺序记忆下面的图形：

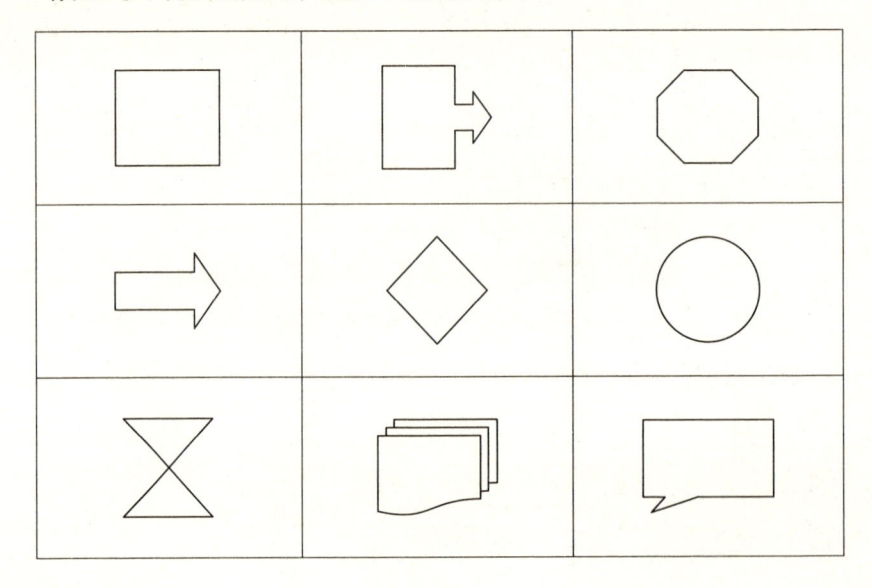

记完后，请闭眼按表格顺序回想有哪些图形。

你记住没？用手捂住前面的图形，将答案画出来：

当记忆具体的图形时，最好利用右脑的图像记忆功能，将图形的形象放到脑海中。我们的大脑记忆图形的能力远比记忆文字的能力强，而且图形在脑海中不易遗忘，比起文字性的内容，图形记得更牢固些。平常在学习中，将内容图形化，不但可以增加一定的趣味性，学起来更轻松些，而且可以提高记忆的效率，锻炼右脑。在后面的章节，我会一步步讲解右脑的记忆功能，让大家轻松学习不一样的记忆方法。

第二节　两两配对

上一节所讲的是图形的瞬时记忆，并没有对记忆过程进行主观处理，也就是凭借自身的记忆力直接去记住那些图形，当然也会有记不住或忘记的情况。从这一小节开始，给大家讲解如何用有趣的方法记忆内容，既能有效地记住，又能长时间不忘。

我这里所用的记忆方法是最简单的联想记忆法，我们在生活中经常会用到，只是有的朋友可能没有意识到这是一种记忆方法。比如，你看到某个认识的人，就会想到这个人曾做过的事情或他的爱好等；或者想象你的房间一进门有什么物品，桌子上有什么物品，等等。这些都是联想，是在生活中最常见、最简单的联想。

现在要记忆下面两个图形：

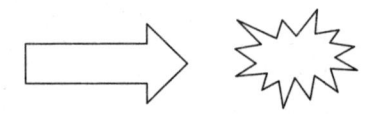

联想记忆：想象第一个图形的箭头向右一戳，把某个东西戳爆了，就产生了第二个爆炸的图形。

大家觉得用这个方法能记住吗？这是我自己联想记忆的思路，可能不适合所有人，大家可以试着自己联想，自己的联想才是最好的，才是最适合自己的。

再试着进行两个图形配对记忆：

联想记忆：想象把第一个图形沙漏放进第二个图形圆柱体的盒子里，或想象把沙漏中的沙子倒进圆柱体中。

大家应该能掌握这个方法了，下面我们记忆几组图形。

训练 1

请将下面的图形配对记忆：

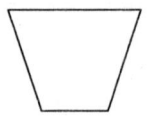

记完后，请闭眼回想有哪些图形。

你记住没？用手捂住上面的图形，将答案画出来：

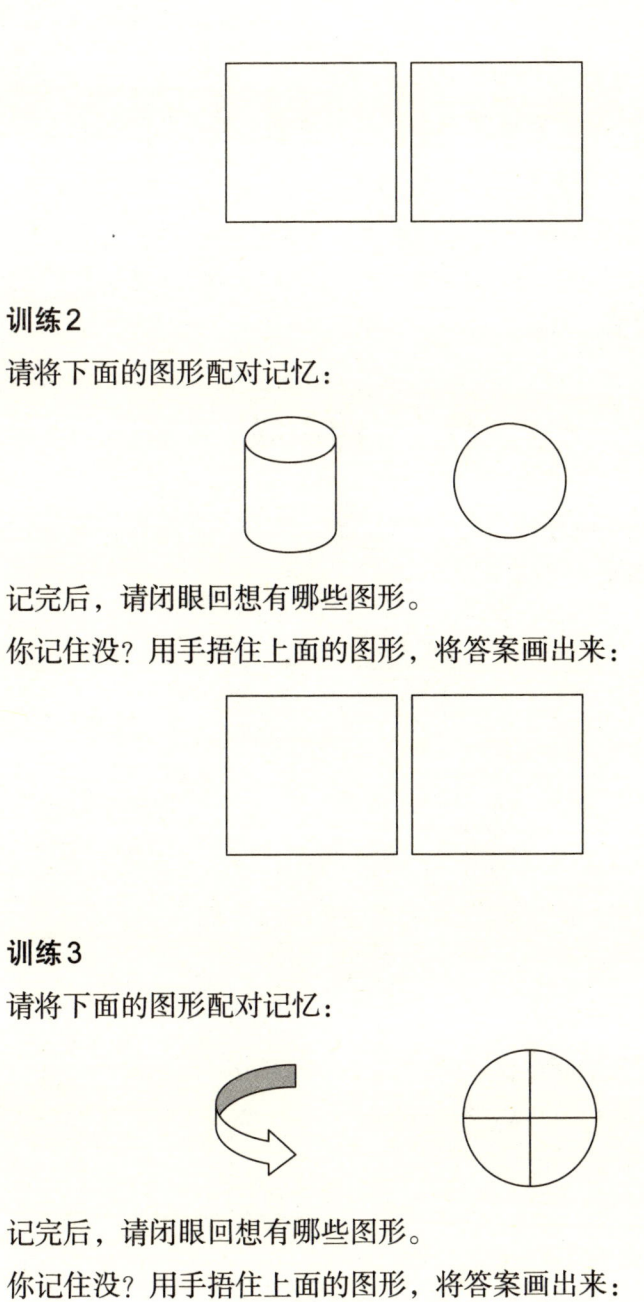

第一章 图像记忆：简单高效的记忆技巧

训练2

请将下面的图形配对记忆：

记完后，请闭眼回想有哪些图形。

你记住没？用手捂住上面的图形，将答案画出来：

训练3

请将下面的图形配对记忆：

记完后，请闭眼回想有哪些图形。

你记住没？用手捂住上面的图形，将答案画出来：

以上图形串联记忆训练的记忆方法如下。

训练1：把左边的图形想象成一个星星，把右边的图形想象成一个垃圾桶，我们就想象一个星星掉进垃圾桶里了。

训练2：想象把圆柱体压扁了，压成了一个圆。

训练3：左边的图形是逆时针旋转，把右边的图形想象成一个方向盘，合在一起就想象成逆时针旋转方向盘。

第三节　三图串联

三图串联就是在两图配对记忆的基础上再加一个图形，其原理和两图配对记忆是一样的。

现在要记忆下面三个图形：

联想记忆：想象把第一个类似于爱心（或元宝）的图形塞进第二个沙漏的图形中，导致沙漏被塞爆了，爆炸产生了第三个图形。

大家可以按照自己的思路联想，这样更容易记住。

训练1

请将下面的图形串联记忆：

记完后，请闭眼回想有哪些图形。

你记住没？用手捂住上面的图形，将答案画出来：

训练2

请将下面的图形串联记忆：

记完后，请闭眼回想有哪些图形？

你记住没？用手捂住上面的图形，将答案画出来。

训练3

请将下面的图形串联记忆：

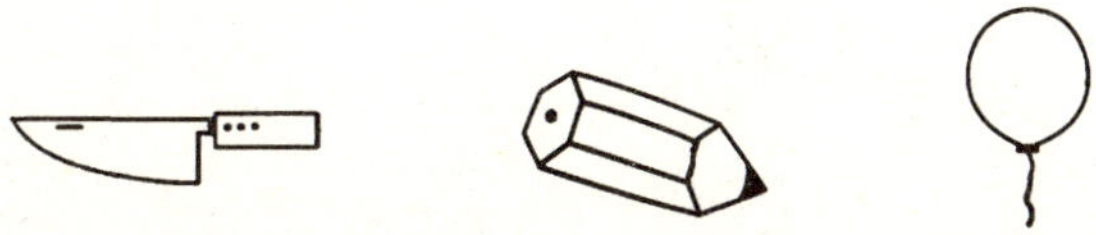

记完后，请闭眼回想有哪些图形。

你记住没？用手捂住上面的图形，将答案画出来：

以上图形串联记忆训练的记忆方法如下。

训练1：把第一个图形想象成一颗星星，把第二个图形想象成一个垃圾桶，把第三个图形想象成一个方形的盖子，合起来就想象成一颗星星掉进垃圾桶里了，再用方形盖子盖住垃圾桶。

训练2：想象蜗牛推着桃子，桃子滚落进垃圾桶里。

训练3：想象用刀削铅笔，再用削尖的铅笔戳爆气球。

第四节　多图串联

方法与三图串联是一样的，从第一个图串联到最后一个图。

现在要记忆下面四个图形：

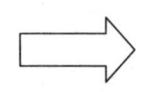

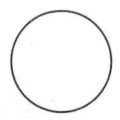

联想记忆：想象第一个图形沙漏向右移动（第二个图），并顺时针旋转一下（第三个图），留下了一个圆形的印迹（第四个图）。

大家可以按照自己的思路联想，这样更容易记住。

训练1

请将下面的图形串联记忆：

记完后，请闭眼回想有哪些图形。

你记住没？用手捂住上面的图形，将答案画出来：

训练2

请将下面的图形串联记忆：

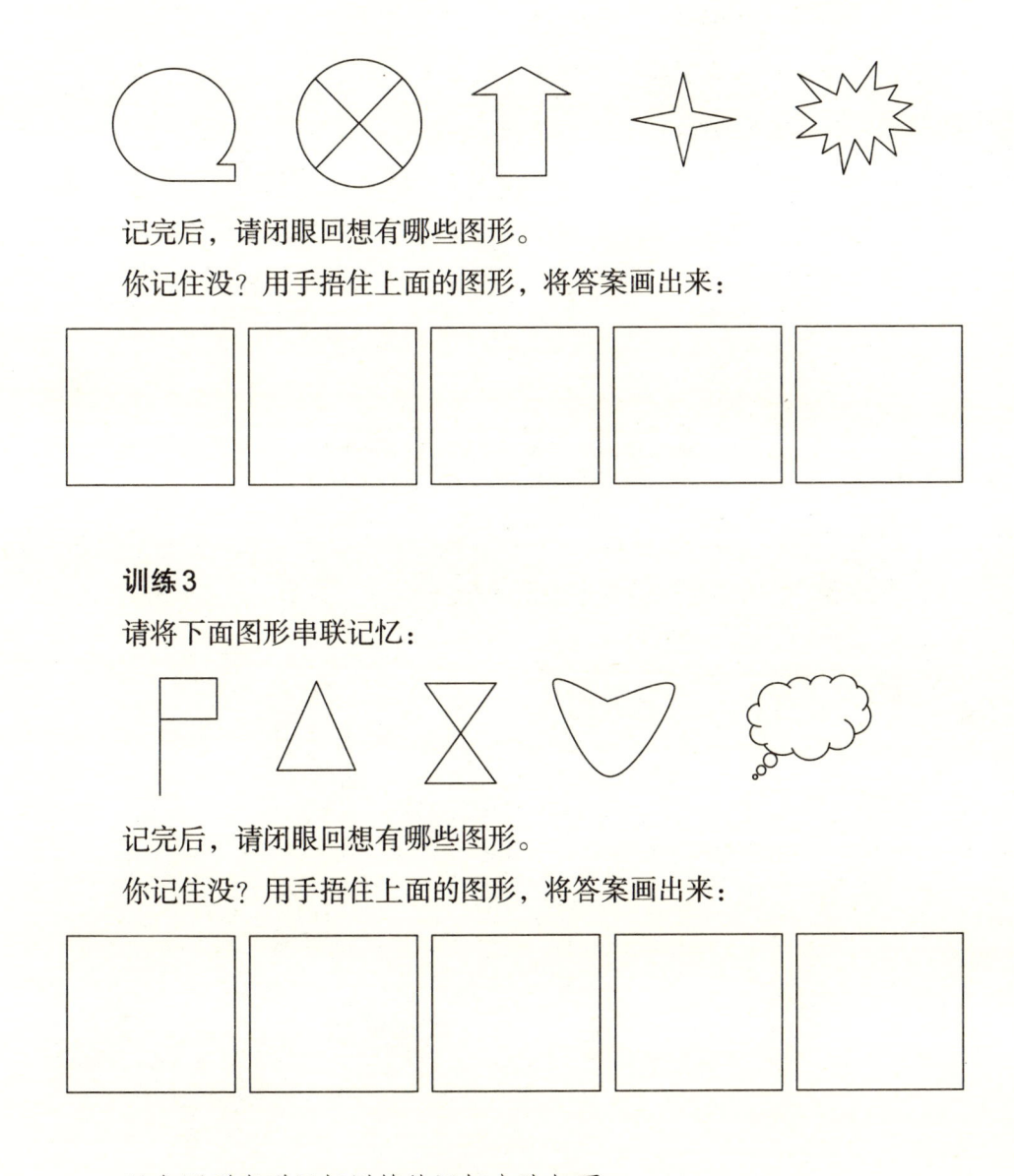

记完后，请闭眼回想有哪些图形。

你记住没？用手捂住上面的图形，将答案画出来：

训练3

请将下面图形串联记忆：

记完后，请闭眼回想有哪些图形。

你记住没？用手捂住上面的图形，将答案画出来：

以上图形串联记忆训练的记忆方法如下。

训练1：第一个图是铅笔，把第二个图想象成几张纸，把第三个图想象成一个垃圾桶，把第四个图想象成一个方形的盖子，合起来就想象成用铅笔在纸上乱画，接着把纸扔进垃圾桶里，再盖上方形盖子。

训练2：把第一个图想象成吹地的吹风机，把第二个图想象成一个轮胎，把第三个图想象成向前走的指示标，把第四个图想象成四角镖，把第五个图想象成爆炸,合起来就想象成吹风机吹着轮胎向前走,压到了四角镖,把轮胎扎爆了。

训练3:把第一个图想象成一面旗子,把第二个图想象成一个三角形底座,把第三个图想象成一个沙漏,把第四个图想象成心,把第五个图想象成一个对话框,合起来就想象成把旗子插到三角形底座上,底座不稳,旗子倒下来砸到了我的心,我很受伤,赶忙和别人聊一聊。

第五节　多行图形排列

请记住每行中图形的顺序,接下来我们会将行序打乱,并且只显示每行中的第一个图形。你需要根据第一个图形回忆并画出该行其他图形。

训练1

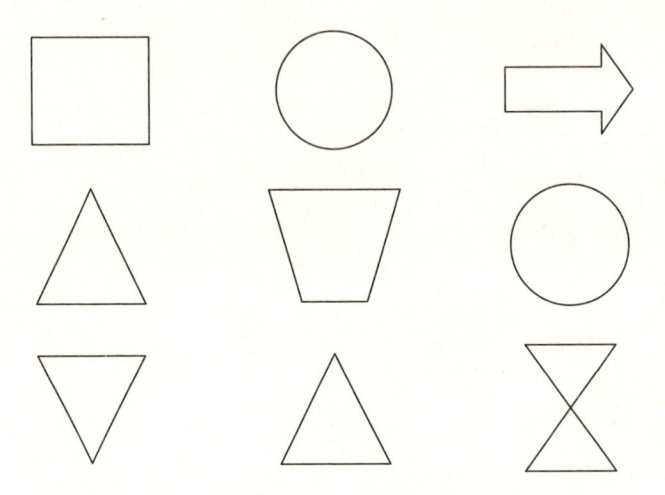

请遮住以上图形,根据每行中的第一个图形,画出该行中的其他图形。

第一章 图像记忆：简单高效的记忆技巧

训练2

请遮住以上图形，根据每行中的第一个图形，画出该行中的其他图形。

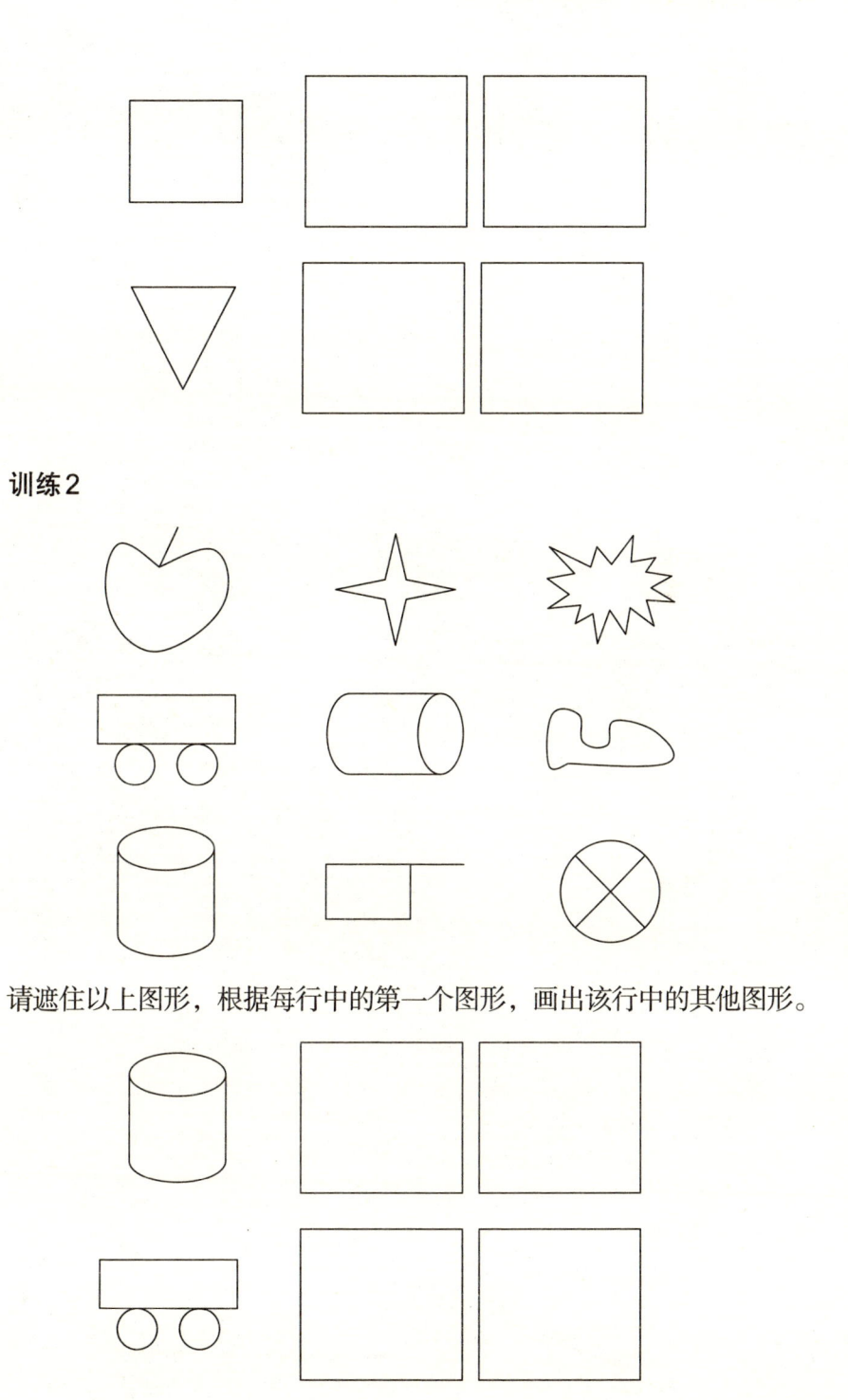

13

训练3

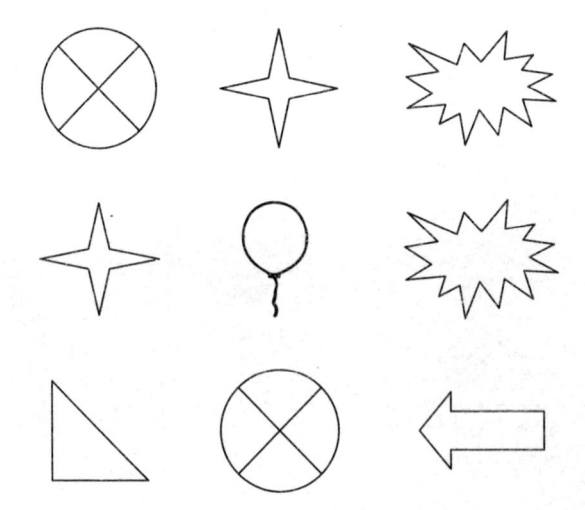

请遮住以上图形，根据每行中的第一个图形，画出该行中的其他图形。

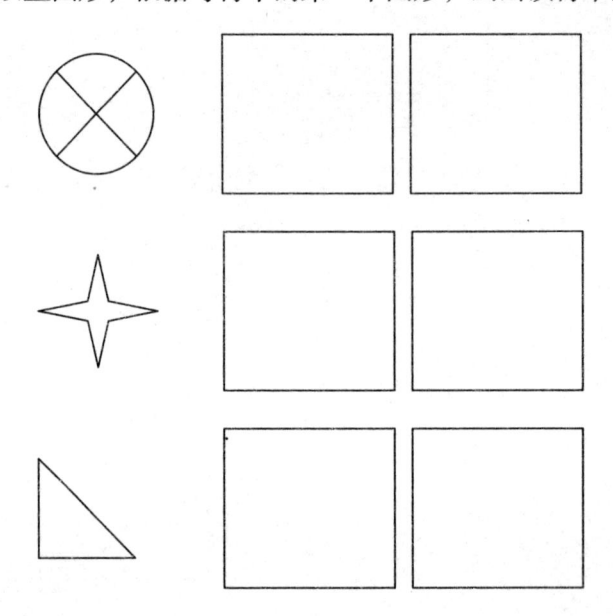

以上图形串联记忆训练的记忆方法如下。

训练1：

把第一行想象成将方块的四角锯掉，并磨成圆，让圆按着箭头指示向右滚。

把第二行想象成将三角形扔进桶里，并给桶盖上盖子。

把第三行想象成将第一个图形与第二个图形上下拼接在一起，形成第三个图形。

训练2：

把第一行想象成苹果被星形飞镖击中，直接爆裂开来。

把第二行想象成小车撞倒圆木桩，圆木桩压到了鞋子。

把第三行想象成在圆木桩上方的圆面用菜刀划出两道交叉的线，就形成了第三个图形。

训练3：

把第一行想象成轮胎被星形飞镖击中后爆裂。

把第二行想象成星形飞镖击中气球，气球爆了。

把第三行想象成有人站在轮胎右边按箭头指示的方向往左推轮胎，将轮胎推到三角形的斜坡上。

第二章

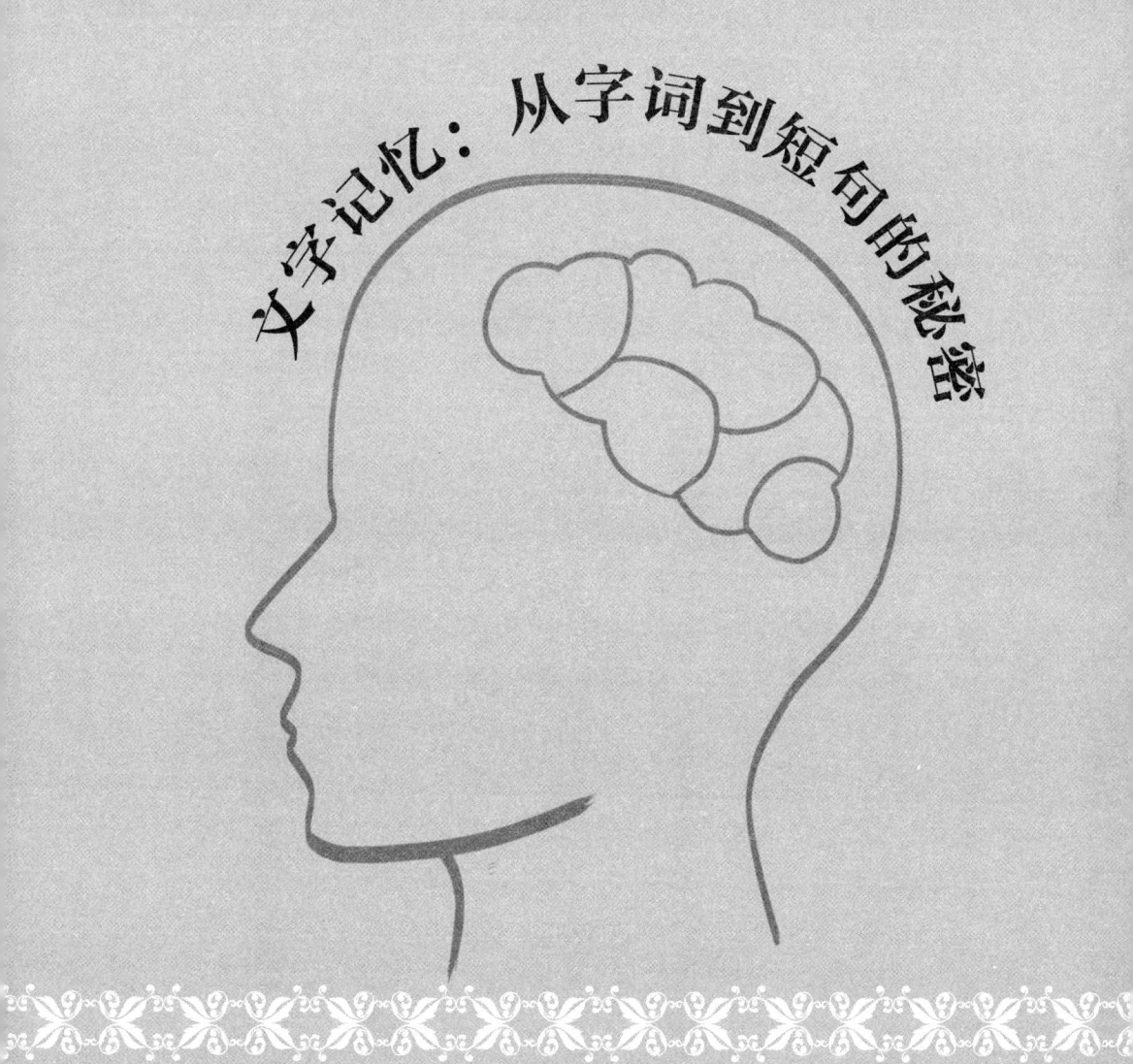

文字记忆：从字词到短句的秘密

第一节　瞬时记忆文字

上一章已讲过图形的瞬时记忆，这一章主要讲一下有关文字的瞬时记忆。请在3秒内按顺序记忆下面的文字：

　　　　　　　大　火　得

记完后，请闭眼回想是哪三个字。

你记住没？

这里只有三个字，很简单，看一眼基本就都能记住，无须刻意地去记。接下来就到了游戏时间，跟我一起循序渐地进行练习，很快就能提高瞬时记忆文字的能力。

训练1

请在3秒内按顺序记忆下面的文字：

　　　　　好　城　魂　壁

记完后，请闭眼回想是哪些文字。

你记住没？用手捂住上面的文字，将答案写出来：

训练2

请在3秒内按顺序记忆下面的文字：

　　　　姑　走　霜　栽　超

记完后，请闭眼回想是哪些文字。

你记住没？用手捂住前面的文字，将答案写出来：

训练3

请在3秒内按顺序记忆下面的文字：

    杂 数 颈 醋 漠

记完后，请闭眼回想是哪些文字。

你记住没？用手捂住上面的文字，将答案写出来：

训练4

请在4秒内按顺序记忆下面的文字：

    我们 哪里 回忆 显示

记完后，请闭眼回想是哪些文字。

你记住没？用手捂住上面的文字，将答案写出来：

训练5

请在4秒内按顺序记忆下面的文字：

    进口 赤豆 违禁品 天桥

记完后，请闭眼回想是哪些文字。

你记住没？用手捂住上面的文字，将答案写出来：

训练6

请在5秒内按顺序记忆下面的文字：

　　　　　老大哥　无可厚非　需要　城楼

记完后，请闭眼回想是哪些文字。

你记住没？用手捂住上面的文字，将答案写出来：

训练7

请在6秒内按表格顺序记忆下面的文字：

家	右	井
林	枯	天
跑	十	西

记完后，请闭眼按表格顺序回想有哪些文字。

你记住没？用手捂住上面的文字，将答案写出来：

训练8

请在8秒内按表格顺序记忆下面的文字：

可	玩耍	气
城市	土	蝇
喜欢	村	吉林

记完后，请闭眼按表格顺序回想有哪些文字。

你记住没？用手捂住前面的文字，将答案写出来：

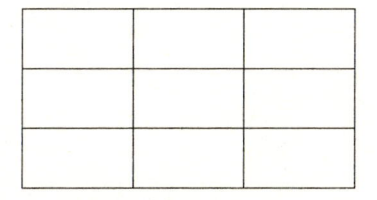

训练9

请在9秒内按表格顺序记忆下面的文字：

奇幻	洒	电路板
史	厅	有
不可能	别人	天台

记完后，请闭眼按表格顺序回想有哪些文字。

你记住没？用手捂住上面的文字，将答案写出来：

第二节　双汉字记忆

　　第一章已讲过图形的记忆方法，这里所用的方法是一样的，也是联想记忆法，但在记忆前要先将汉字处理一下。汉字是文字性的，我们要先将汉字想象成图像，然后再进行图像的记忆。虽然多了一个步骤，但方法还是很简单的。一定要在脑海中想象出文字对应的图像，这样记忆才更牢固。

21

例1：

猫　树

第一步想象出每一个字所对应的图像。

第二步进行联想记忆：想象猫爬到树上。

例2：

笔　火

第一步想象出每一个字所对应的图像。

第二章 文字记忆：从字词到短句的秘密

笔	
火	

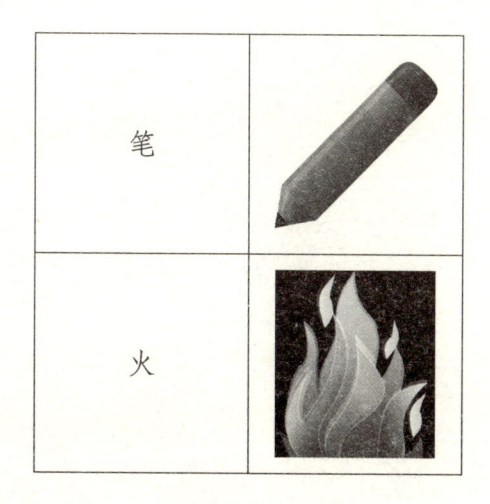

第二步进行联想记忆：想象把笔扔进火里。

训练1
请在脑海中联想记忆每行中的两个汉字，行与行之间的顺序不用管。

纸　刀
水　沙
布　烟
鸡　河
狗　花
象　包

鞋　针
手　门
船　床

以上汉字你记住了吗？

下面会把行序打乱，并只显示每行中的第一个汉字，请写出第二个汉字。

纸 _____
鞋 _____
狗 _____
水 _____
布 _____
鸡 _____
手 _____
象 _____
船 _____

训练2

请在脑海中联想记忆每行中的两个汉字，行与行之间的顺序不用管。

人　猪
铁　桃
藤　叶
鸟　兔
煤　碗
菜　杯
路　牙
桶　云
车　鱼

以上汉字你记住了吗？

下面会把行序打乱，并只显示每行中的第一个汉字，请写出第二个汉字。

车 _____
鸟 _____
煤 _____
菜 _____
路 _____
人 _____
铁 _____
藤 _____
桶 _____

第三节　双词语记忆

与上一节的双汉字记忆一样，双词语记忆也是用联想记忆法，在记忆前要先想象词语对应的图像，然后再进行图像的记忆，这样记忆才更牢固。

例1：

拖把　苹果

第一步想象出每一个词语所对应的图像。

苹果

第二步进行联想记忆：想象用拖把去擦苹果。

用拖把擦过的苹果你还敢吃吗？这在你的心里会形成强烈的形象思维，更能加深印象。

例2：

手机　轮胎

第一步想象出每一个词语所对应的图像。

手机

轮胎

第二步进行联想记忆：刚买的新款苹果手机掉在了地上，恰好被一辆路过的汽车压碎了……

这画面光是想一想就让人心疼，这可是刚买的最新款手机啊，我的天啊！

训练 1

请在脑海中联想记忆每行中的两个词语，行与行之间的顺序不用管。

　　　　　　杯子　　菜刀

　　　　　　火车　　气球

　　　　　　电脑　　香烟

　　　　　　台灯　　上衣

　　　　　　花　　　铅笔

　　　　　　蚂蚁　　书包

　　　　　　大象　　足球

　　　　　　手套　　红旗

　　　　　　文件夹　玻璃

以上词语你记住了吗？

下面会打乱行序，并只显示每行中的第一个词语，请写出第二个词语。

　　　　　火车　　_____

　　　　　大象　　_____

　　　　　文件夹　_____

　　　　　杯子　　_____

手套　＿＿＿＿＿

电脑　＿＿＿＿＿

花　　＿＿＿＿＿

台灯　＿＿＿＿＿

蚂蚁　＿＿＿＿＿

训练2

请在脑海中联想记忆每行中的两个词语，行与行之间的顺序不用管。

椅子　火把

雕像　大门

太阳　树

工具箱　毛笔

烟灰缸　水壶

熊　　厕所

屋顶　书

桌子　空调

米饭　飞机

医生　方向盘

下面会打乱行序，并只显示每行中的第一个词语，请根据这个词语写出第二个词语。

工具箱　＿＿＿＿＿

烟灰缸　＿＿＿＿＿

熊　　＿＿＿＿＿

太阳　＿＿＿＿＿

桌子　＿＿＿＿＿

米饭　＿＿＿＿＿

屋顶　＿＿＿＿＿

椅子　＿＿＿＿＿

雕像　_____

医生　_____

第四节　词语串联记忆

词语串联记忆是建立在双词语记忆的基础上的，双词语记忆是联想成一个非常简短的故事，而词语串联记忆则是联想成一个较长的故事。方法很简单，而且所联想的故事越有趣、越离奇，越容易被我们记住。

例：

　　大象　香烟　垃圾桶　消防箱　草地
　　足球　椅子　汽车　小狗　汉堡

第一步想象出每一个词语所对应的图像。

第二步进行联想记忆：

想象大象抽完香烟，把烟头扔进垃圾桶里，再把垃圾桶放到消防箱里。这时消防箱里的水喷出来，喷到草地上，草地上的足球滚来滚去，撞到了椅子。突然，一辆汽车冲出来，撞翻了椅子，从汽车里下来一只小狗，小狗正在吃汉堡。

你记住了吗？

下面检验一下，不要再看上面的词语，请按顺序将相应的词语填在空格处：

　　大象　香烟　_____　消防箱　_____
　　_____　椅子　_____　小狗　_____

训练1

请将下面的词语串联成一个故事：

　　飞机　扫帚　钱包　菜刀　竹子
　　水壶　桌子　鞋子　花　钻戒

你记住这些词语了吗？

请按顺序将相应的词语填在空格处：

飞机 _____　　菜刀 _____

_____ 桌子 _____　_____　_____

训练2

请将下面的词语串联成一个故事：

电脑　蚂蚁　跑步机　风筝　空调

墨水　狗窝　大炮　架子鼓　纸巾

你记住这些词语了吗？

请按顺序将相应的词语填在空格处：

电脑 _____　跑步机 _____　_____

墨水 _____　_____　架子鼓 _____

训练3

请将下面的词语串联成一个故事：

铅笔　纸杯　地板　衣服　轮椅

花盆　喜洋洋　香蕉　袋子　虫子

你记住这些词语了吗？

请按顺序将相应的词语填在空格处：

铅笔 _____　_____　_____　_____

_____　_____　_____　_____　_____

第五节　历史年代连一连

中国有悠久的历史，重要的历史事件数不胜数，不可能一次性记住所有的内容，而且容易混淆，也容易忘记。但是，下面这个简单、便捷的记忆方法，可以帮助我们将历史年代与历史事件一一对应，避免出现混淆的情况。

请看下面的记忆示例。

    公元25年 东汉建立

联想记忆：爱吾东航。

方法说明："25"谐音成"爱吾"，"东汉"谐音成"东航"，合起来联想就是因为东航的服务好，所以我每次出门都坐东航的班机。

    公元220年 魏国建立

联想记忆：爱耳铃喂（我吃饭）。

方法说明：第一个"2"谐音成"爱"，后面的"20"谐音成"耳铃"，"魏"谐音成"喂"。

下面请用这个方法进行记忆训练。

训练1

先从3组对应的历史年代和历史事件开始练习。

    公元1275年 马可·波罗来华

    公元1578年 李时珍《本草纲目》成书

    公元641年   文成公主与松赞干布和亲

记住了吗？请遮住上面的内容，将下面的历史年代与历史事件对应连线：

  公元641年   李时珍《本草纲目》成书

  公元1275年   马可·波罗来华

  公元1578年   文成公主与松赞干布和亲

下面我讲解一下我是如何记忆的。

    公元1275年 马可·波罗来华

联想记忆：幺儿欺负外国人马可·波罗。

方法说明："1"读成"yāo"，所以"12"谐音成"幺儿"，"75"谐音成"欺负"。

　　　　公元1578年　李时珍《本草纲目》成书

联想记忆：李时珍要吾和奇葩看《本草纲目》。

方法说明："1"读成"yāo"，所以"15"谐音成"要吾"，"78"谐音成"奇葩"。

　　　　公元641年　文成公主与松赞干布和亲

联想记忆：牛司仪主持文成公主与松赞干布的婚礼。

方法说明："6"谐音成"牛"，"41"谐音成"司仪"。

训练2

　　　　公元265年　西晋建立
　　　　公元317年　东晋建立
　　　　公元581年　隋朝建立
　　　　公元618年　唐朝建立
　　　　公元960年　北宋建立

你记住了吗？

请遮住上面的内容，将下面的历史年代与历史事件对应连线。

　　　公元265年　　　　　　　隋朝建立
　　　公元618年　　　　　　　北宋建立
　　　公元581年　　　　　　　西晋建立
　　　公元960年　　　　　　　唐朝建立
　　　公元317年　　　　　　　东晋建立

下面我讲解一下我是如何记忆的。

　　　　公元265年　西晋建立

联想记忆：爱溜舞的戏精。

方法说明："2"谐音成"爱"，"65"谐音成"溜舞"，"西晋"谐音成"戏精"。

公元317年　东晋建立

联想记忆：三姨去东京（游玩）。

方法说明："31"谐音成"三姨"，"7"谐音成"去"，"东晋"谐音成"东京"。

公元581年　隋朝建立

联想记忆：吾爸一岁。

方法说明："58"谐音成"吾爸"，"隋"谐音成"岁"。

公元618年　唐朝建立

联想记忆：六一（儿童节）发糖。

方法说明："8"谐音成"发"，"唐"谐音成"糖"。

公元960年　北宋建立

联想记忆：就刘玲在背诵（课文）。

方法说明："9"谐音成"就"，"60"谐音成"刘玲"，"北宋"谐音成"背诵"。

大家的联想记忆方法和我的一样吗？不一样也没关系，只要能记住就是好的方法。

训练3

　　　　　公元1368年　明朝建立

　　　　　公元605年　隋朝大运河开始开凿

　　　　　公元1069年　王安石开始变法

　　　　　公元1405年　郑和下西洋

　　　　　公元1662年　郑成功收复台湾

你记住了吗？

请遮住上面的内容，将下面的历史年代与历史事件对应连线。

公元1069年　　　　　　王安石开始变法
公元1662年　　　　　　隋朝大运河开始开凿
公元1368年　　　　　　明朝建立
公元1405年　　　　　　郑成功收复台湾
公元605年　　　　　　 郑和下西洋

下面我讲解一下我是如何记忆的。

　　　　公元1368年　明朝建立

联想记忆：我明明把衣裳留（水）坝上了。

方法说明："13"谐音成"衣裳"，"68"谐音成"留坝"。

　　　　公元605年　隋朝大运河开始开凿

联想记忆：隋朝大运河开始开凿时，请牛领舞。

方法说明："6"谐音成"牛"，"05"谐音成"领舞"。

　　　　公元1069年　王安石开始变法

联想记忆：王安石开始变法前，要您（一瓶）料酒。

方法说明："1"读成"yāo"，所以"10"谐音成"要您"，"69"谐音成"料酒"。

　　　　公元1405年　郑和下西洋

联想记忆：郑和下西洋时，要司令捂住船上的漏洞。

方法说明："1"读成"yāo"，所以谐音成"要"，"40"谐音成"司令"，"5"谐音成"捂"。

　　　　公元1662年　郑成功收复台湾

联想记忆：郑成功去收复台湾的路上，发现一路（都是）牛儿。

方法说明："16"谐音成"一路"，"62"谐音成"牛儿"。

最后，回忆一下历史事件发生的年代。

　　公元_____年马可·波罗来华

　　公元_____年李时珍《本草纲目》成书

　　公元_____年文成公主与松赞干布和亲

公元_____年西晋建立

公元_____年东晋建立

公元_____年隋朝建立

公元_____年唐朝建立

公元_____年北宋建立

公元_____年明朝建立

公元_____年隋朝大运河开始开凿

公元_____年王安石开始变法

公元_____年郑和下西洋

公元_____年郑成功收复台湾

第六节　谁写的什么

"谁写的什么"游戏，实际上是作者与作品名配对记忆训练。我们读过的书、学过的课文很多，稍不注意，就可能会把作者与作品名搞混淆。我们在这里专门针对这类内容进行一次训练。

请看下面的记忆示例：

《草原》　老舍

联想记忆：草原上有一个很老旧的宿舍。

方法说明：将"老舍"拆开联想成"老旧的宿舍"。

这里所用的方法是和上一节讲的一样。方法是通用的，关键是要融会贯通。

下面请用这个方法进行记忆训练。

思维大爆炸
挑战超级脑力的记忆开发游戏

训练 1

《百万英镑》　　马克·吐温

《山中访友》　　李汉荣

《刷子李》　　　冯骥才

《小游击队员》　王愿坚

《赤色小子》　　张品成

你记住了吗？

请遮住上面的内容，将下面的作品名与作者对应连线。

《赤色小子》　　　　　　　李汉荣

《山中访友》　　　　　　　冯骥才

《百万英镑》　　　　　　　马克·吐温

《小游击队员》　　　　　　王愿坚

《刷子李》　　　　　　　　张品成

下面我讲解一下我是如何记忆的。

《百万英镑》 马克·吐温

联想记忆：马吐出百万英镑。

方法说明：“马克·吐温”中提出两个关键字——"马"和"吐"。

《山中访友》 李汉荣

联想记忆：山中访友时你不要喊。

方法说明："李"谐音成"你"，"汉"谐音成"喊"，作者姓名的最后一个字可不用联想，直接记忆。

《刷子李》 冯骥才

联想记忆：刷子离风机才一点远。

方法说明："李"谐音成"离"，"冯骥"谐音成"风机"。

《小游击队员》 王愿坚

联想记忆：（大）王愿见小游击队员。

方法说明:"坚"谐音成"见"。

     《赤色小子》 张品成

联想记忆:拼成赤色的。

方法说明:"品成"谐音成"拼成"。

训练2

   《昆虫记》　　　法布尔
   《红日》　　　　吴强
   《最后一头战象》 沈石溪
   《桃花心木》　　林清玄
   《铁道游击队》　刘知侠

你记住了吗?

请遮住上面的内容,将下面的作品名与作者对应连线。

   《桃花心木》　　　　　　刘知侠
   《红日》　　　　　　　　法布尔
   《昆虫记》　　　　　　　沈石溪
   《最后一头战象》　　　　林清玄
   《铁道游击队》　　　　　吴强

下面我讲解一下我是如何记忆的:

     《昆虫记》 法布尔

联想记忆:用昆虫发的布做的耳朵。

方法说明:"法"谐音成"发","尔"谐音成"耳"。

     《红日》 吴强

联想记忆:红墙。

方法说明:"强"谐音成"墙",作品名与作者姓名各提取一个字进行联想。

《最后一头战象》 沈石溪

联想记忆：实习生的最后一头战象。

方法说明："沈"谐音成"生"，"石溪"谐音成"实习"，这里是将姓与名颠倒后，再进行谐音联想。

《桃花心木》 林清玄

联想记忆：领情选桃花。

方法说明："林清"谐音成"领情"，"玄"谐音成"选"。

《铁道游击队》 刘知侠

联想记忆：铁道游击队（用）柳枝做帽子。

方法说明："刘知"谐音成"柳枝"，作者名字的最后一个字没有进行联想记忆。

训练3

《在山的那边》　　　　王家新
《从百草园到三味书屋》　鲁迅
《华南虎》　　　　　　牛汉
《苏州园林》　　　　　叶圣陶

记住了吗？请遮住上面的内容，将下面的作品名与作者对应连线。

《从百草园到三味书屋》　　　牛汉
《华南虎》　　　　　　　　　鲁迅
《在山的那边》　　　　　　　叶圣陶
《苏州园林》　　　　　　　　王家新

下面我讲解一下我是如何记忆的。

《在山的那边》 王家新

联想记忆：在山的那边住着姓王的一家，他们是新搬来的。

《从百草园到三味书屋》 鲁迅

联想记忆：鲁迅从百草园到三味书屋。

《华南虎》 牛汉

联想记忆：牛喊华南虎去玩。

方法说明："汉"谐音成"喊"。

《苏州园林》 叶圣陶

联想记忆：苏州园林里的叶子很茂盛。

方法说明："圣"谐音成"盛"。

最后，回忆一下以上作品的作者。

《赤色小子》的作者是_____

《小游击队员》的作者是_____

《百万英镑》的作者是_____

《刷子李》的作者是_____

《山中访友》的作者是_____

《在山的那边》的作者是_____

《红日》的作者是_____

《苏州园林》的作者是_____

《最后一头战象》的作者是_____

《铁道游击队》的作者是_____

《从百草园到三味书屋》的作者是_____

《华南虎》的作者是_____

《昆虫记》的作者是_____

《桃花心木》的作者是_____

第三章

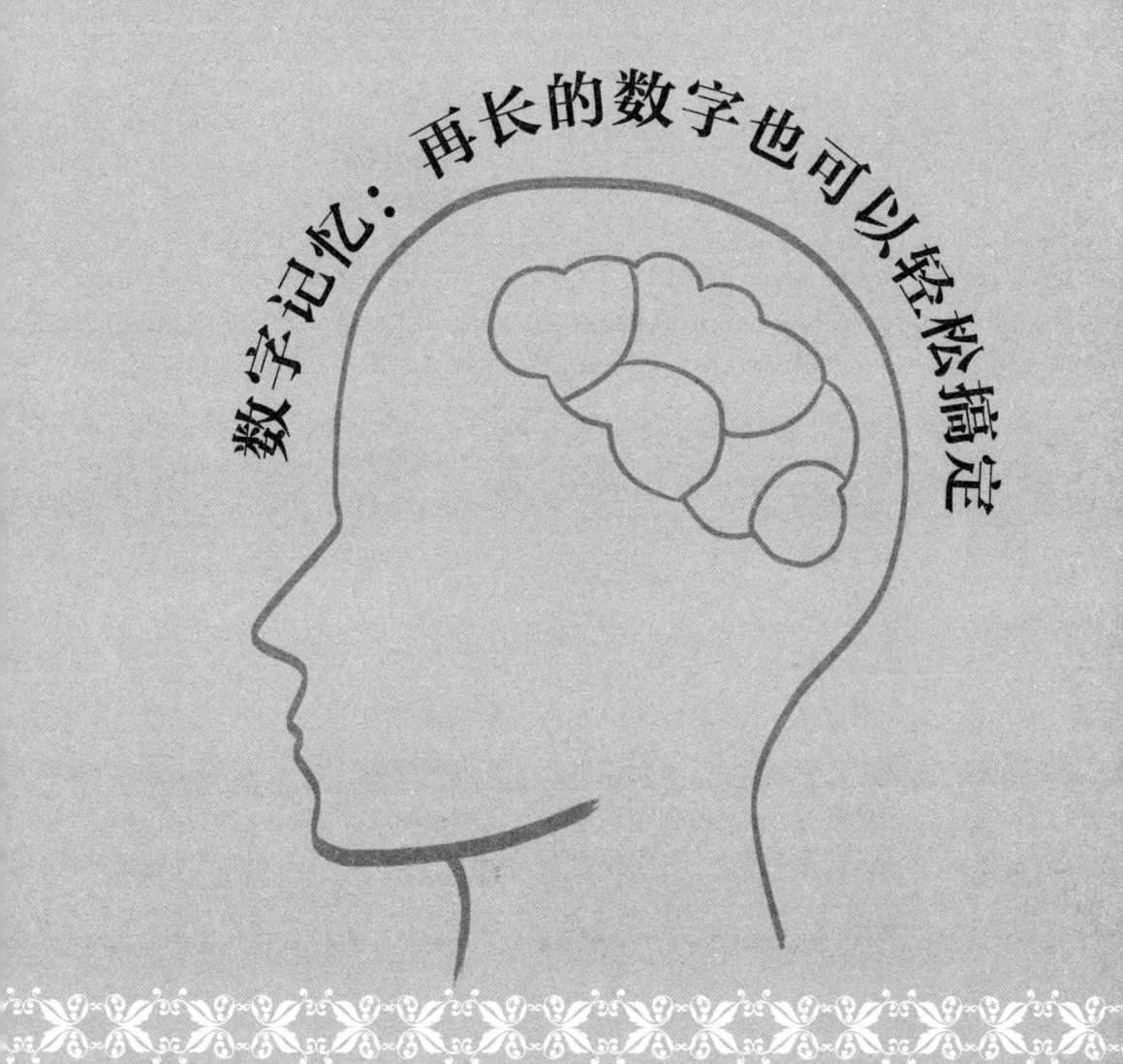

数字记忆：再长的数字也可以轻松搞定

第一节　谐音记忆

我们可以利用谐音把一串不好记忆的数字转换成便于记忆的一句话或一个小故事。来看两个例子。

例1：

$$2641329037$$

其中：6谐音成"流"；4谐音成"子"；1读"yāo"，谐音成"要"；9谐音成"酒"；0谐音成"拎"；3谐音成"上"；7谐音成"去"。

谐音记忆：二流子要三两酒拎上去。

例2：

$$51384798599$$

其中：51记成"五一节"，38记成"妇女"，79谐音成"气球"，8谐音成"发"，5谐音成"吾"，99谐音成"舅舅"。

谐音记忆：五一节妇女买4个气球发给吾舅舅。

训练1

$$462376$$

可以每两个数字谐音成一个词语，请试着利用谐音记忆这串数字。

你记住了吗？请将谐音记忆的话或小故事写在下面：

_____

_____

训练2

$$885795992$$

这里的数字可以拆开：88—57—9—5—99—2。请试着利用谐音记忆这串数字。

你记住了吗？请将谐音记忆的话或小故事写在下面：

_____

_____

训练3

$$54152979805$$

这里的数字可以拆开：54—1—529—7—98—0—5。请试着利用谐音记忆这串数字。

你记住了吗？请将谐音记忆的话或小故事写在下面：

_____

_____

这里讲解一下我是如何记忆这些数字的。

$$462376$$

谐音记忆：死牛爱上骑牛。

$$885795992$$

谐音记忆：爸爸（用）武器救吾舅舅（的）儿。

$$54152979805$$

谐音记忆：武士要五两酒去酒吧领舞。

第二节　数字编码

上一节是利用谐音记忆数字，但不是所有数字都有便于记忆的谐音，特别是对于很长一串的数字，短时间内往往是无法全部找到合适谐音的，这就需要数字编码了。数字编码就是利用谐音或形象提前把数字转换成便于记忆的图像。这里我准备好了一套数字编码,供大家参考。

两位数的数字编码

数字	编码	说明
00	望远镜	0像望远镜的镜片
01	鬼	01谐音成"灵异",灵异的事情肯定是有鬼
02	铃儿	02谐音成"铃儿"
03	(灵山)大佛	03谐音成"灵山",灵山大佛是著名景点
04	零食	04谐音成"零食"
05	灵符	05谐音成"灵符"
06	(悠溜)滑板	06谐音成"悠溜",引申为滑板
07	令旗	07谐音成"令旗"
08	篱笆	08谐音成"篱笆"
09	灵柩	09谐音成"灵柩"
10	棒球	1形似棒,0形似球
11	筷子	11形似一双筷子
12	婴儿	12谐音成"婴儿"
13	衣裳	13谐音成"衣裳"
14	钥匙	14谐音成"钥匙"
15	鹦鹉	15谐音成"鹦鹉"
16	石榴	16谐音成"石榴"
17	仪器	17谐音成"仪器"
18	腰包	18谐音成"腰包"
19	衣钩	19谐音成"衣钩"
20	耳铃	20谐音成"耳铃"
21	鳄鱼	21谐音成"鳄鱼"
22	对联	对联是成对的

续表

数字	编码	说明
23	耳塞	23谐音成"耳塞"
24	闹钟	一天有24个小时
25	二胡	25谐音成"二胡"
26	溜冰鞋	6谐音成"溜",又形似鞋子,26就是两只溜冰鞋
27	耳机	27谐音成"耳机"
28	耳扒	28谐音成"耳扒"
29	恶狗	29谐音成"恶狗"
30	三轮车	0像轮子,3个轮子的是三轮车
31	挖掘机	有一个挖掘机品牌就叫三一
32	扇儿	32谐音成"扇儿"
33	笔山	3形似竖起来的笔山,笔山很厚,所以是两个3
34	(绅士)帽子	34谐音成"绅士",引申为绅士的帽子
35	香烟	三五牌香烟
36	山鹿	36谐音成"山鹿"
37	山鸡	37谐音成"山鸡"
38	沙发	38谐音成"沙发"
39	感冒药	三九牌感冒药
40	司令	40谐音成"司令"
41	(司仪)话筒	41谐音成"司仪",引申为司仪所用的话筒
42	柿儿	42谐音成"柿儿"
43	石山	43谐音成"石山"
44	石狮	44谐音成"石狮"
45	师傅	45谐音成"师傅"
46	饲料	46谐音成"饲料"

续表

数字	编码	说明
47	（司机）方向盘	47谐音成"司机"，引申为司机的方向盘
48	丝瓜	48谐音成"丝瓜"
49	石臼	49谐音成"石臼"
50	五环	0形似圆环，50就是五个圆环
51	某种劳动工具	"五一"劳动节，请自行选择一种劳动工具帮助记忆
52	斧儿	52谐音成"斧儿"
53	乌纱帽	53谐音成"乌纱"
54	武士刀	54谐音成"武士"
55	（呜呜）火车	55谐音成"呜呜"，引申为火车的呜呜声
56	蜗牛	56谐音成"蜗牛"
57	武器	57谐音成"武器"，通常联想为手枪
58	火把	58谐音成"火把"
59	五角星	59谐音成"五角"
60	榴莲	60谐音成"榴莲"
61	（儿童）红领巾	"六一"儿童节，引申为红领巾
62	牛儿	62谐音成"牛儿"
63	（流沙）沙漏	63谐音成"流沙"，引申为沙漏
64	螺丝	64谐音成"螺丝"
65	尿壶	65谐音成"尿壶"
66	溜溜球	66谐音成"溜溜"，引申为溜溜球
67	（油漆）刷	67谐音成"油漆"，可以引申为油漆刷
68	喇叭	68谐音成"喇叭"
69	鸳鸯火锅	69形似鸳鸯火锅
70	麒麟	70谐音成"麒麟"
71	（机翼）飞机	71谐音成"机翼"，引申为飞机

续表

数字	编码	说明
72	企鹅	72谐音成"企鹅"
73	旗杆	73谐音成"旗杆"
74	骑士	74谐音成"骑士"
75	积木	75谐音成"积木"
76	汽油	76谐音成"汽油"
77	（蛐蛐）罐	77谐音成"蛐蛐"，引申为蛐蛐罐
78	青蛙	78谐音成"青蛙"
79	气球	79谐音成"气球"
80	（巴黎）铁塔	80谐音成"巴黎"，引申为巴黎铁塔
81	白蚁	81谐音成"白蚁"
82	靶儿	82谐音成"靶儿"
83	芭（蕉）扇	83谐音成"芭扇"
84	巴士	84谐音成"巴士"
85	（宝物）箱	85谐音成"宝物"，可以引申为宝物箱
86	八路	86谐音成"八路"
87	白旗	87谐音成"白旗"
88	小头（爸爸）	88谐音成"爸爸"，可以引申为小头爸爸，这样更形象化
89	芭蕉	89谐音成"芭蕉"
90	酒瓶	90谐音成"酒瓶"
91	书包	9月1号开学，要背书包上学，所以引申为书包
92	球儿	92谐音成"球儿"
93	旧伞	93谐音成"旧伞"
94	首饰	94谐音成"首饰"
95	酒壶	95谐音成"酒壶"

续表

数字	编码	说明
96	旧炉	96谐音成"旧炉"
97	酒器	97谐音成"酒器"
98	球拍	98谐音成"球拍"
99	一束花	99朵花可以组成一束花

以上数字编码请熟记，后面会讲解如何使用。

好，我们来测试一下，请将编码填写到相应的空格处：

21的编码是_____

15的编码是_____

05的编码是_____

53的编码是_____

27的编码是_____

66的编码是_____

95的编码是_____

01的编码是_____

46的编码是_____

37的编码是_____

51的编码是_____

72的编码是_____

42的编码是_____

83的编码是_____

第三节　数字配对

前面讲过两个词语的配对记忆，这一节讲解数字的配对记忆，其原理是一样的，只是需要用到数字编码。下面举几个例子。

例1：

$$11-07$$

其中，11的数字编码是筷子，07的数字编码是令旗。

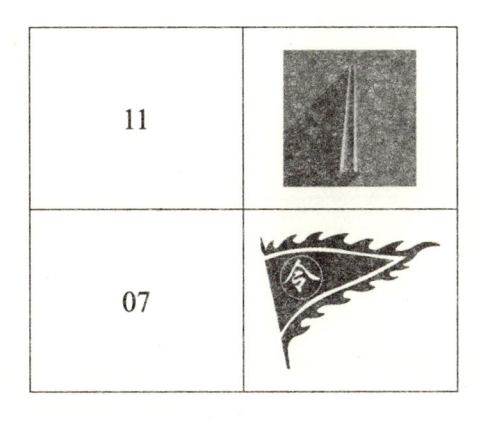

11	
07	

联想记忆：想象用筷子夹令旗。

例2：

$$26-73$$

其中，26的数字编码是溜冰鞋，73的数字编码是旗杆。

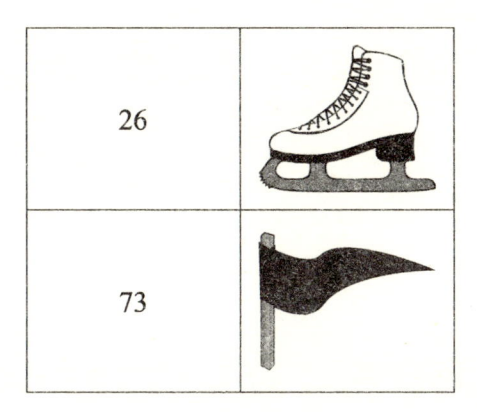

26	
73	

联想记忆：想象自己穿着溜冰鞋撞在旗杆上摔倒的样子。

训练1

47—92

请使用数字编码将联想的话或小故事写在下面：

___

___

训练2

15—84

请使用数字编码将联想的话或小故事写在下面：

___

___

训练3

58—13

请使用数字编码将联想的话或小故事写在下面：

___

___

训练 4

$\qquad\qquad\qquad$ 53—52

请使用数字编码将联想的话或小故事写在下面：

_____

_____

训练 5

$\qquad\qquad\qquad$ 81—00

请使用数字编码将联想的话或小故事写在下面：

_____

_____

请回忆以上的数字配对，即根据前一组数字写出后一组数字：

$\qquad\qquad\qquad$ 47—_____

$\qquad\qquad\qquad$ 15—_____

$\qquad\qquad\qquad$ 58—_____

$\qquad\qquad\qquad$ 53—_____

$\qquad\qquad\qquad$ 81—_____

这里讲解一下我是如何记忆的。一定要在脑海中想象出画面。

$\qquad\qquad\qquad$ 47—92

联想记忆：司机拿着方向盘砸球儿。

$\qquad\qquad\qquad$ 15—84

联想记忆：鹦鹉飞进巴士里。

$\qquad\qquad\qquad$ 58—13

联想记忆：用火把点燃衣裳。

$\qquad\qquad\qquad$ 53—52

联想记忆：乌纱帽里竟有一把斧儿。

51

81—00

联想记忆：白蚁拿着望远镜看东看西。

第四节　多数字记忆

前一节所讲的手机号码记忆中，真正需要记忆的数字只有10个，并不多，这一节主要讲多数字记忆，依然是利用数字编码。

例：

14159265358979323846264338

联想记忆：我把一把钥匙（14）插到鹦鹉（15）身上，拧动钥匙，鹦鹉就动了。鹦鹉用脚踢球儿（92），球儿飞出去，打翻了尿壶（65）。尿壶里的尿液洒到了香烟（35）上，香烟不能抽了，我就想拿一个芭蕉（89）吃。可芭蕉被别人绑到了气球（79）上，飞到高处去了。我就拿扇儿（32）想把它们打下来，可我的个子不高，够不到，只得站在沙发（38）上，但因我没有站好，竟把沙发踩翻了，沙发底下的饲料（46）露了出来。我把饲料装进溜冰鞋（26）里推着走，不小心撞倒了石山（43），石山倒在了沙发（38）上。

训练1

432853205382543960534542684327

请将使用数字编码联想的故事写在下面：

训练2

4902735103728401857294992205 83

请将使用数字编码联想的故事写在下面：

_____
_____
_____
_____
_____
_____
_____
_____

请回忆以上的数字：

4328_____4327

49_____83

第五节　文字与数字

这里所用的方法仍是联想记忆法，需要用到数字编码。

例1：

坦克——25

联想记忆：25的数字编码是二胡（要在脑海中想象出画面）。

想象你是一名士兵，在战斗过程中弹尽粮绝。敌方的一辆坦克缓缓开到你的面前。敌人从坦克里面走出来，你绝望地拿出一把二胡演奏起来。

| 25 | 🎻 |

是不是很有画面感？如此戏剧性的画面会让你加深印象。

例2：

电脑——57

联想记忆：57的数字编码是武器，可想象成一把手枪（要在脑海中想象出画面）。

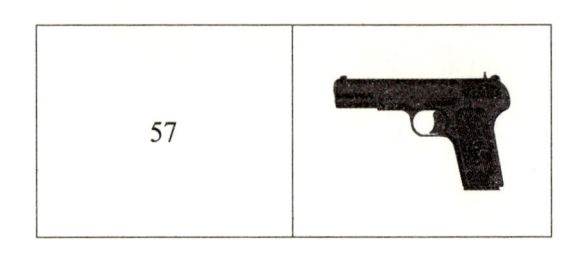

| 57 | 🔫 |

想象电脑突然死机了，你气急败坏，拿起手枪朝着电脑一顿狂射。

这样的画面是不是想一想就很爽？

例3：

蛇——81

联想记忆：81的数字编码是白蚁（要在脑海中想象出画面）。

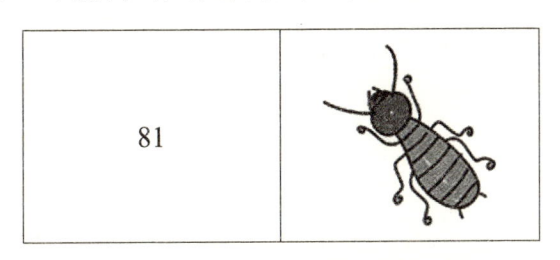

想象一条蛇在路上遇到了一只白蚁，但你期待的蛇蚁大战没有发生，它们反而一起开心地玩了起来。

反差如此强烈的画面，同样可以留下深刻记忆。

训练1

自行车——11

请将使用数字编码联想的故事写在下面：

_____

_____

枕头——21

请将使用数字编码联想的故事写在下面：

_____

椅子——43

请将使用数字编码联想的故事写在下面：

_____

_____

大象——66

请将使用数字编码联想的故事写在下面：

_____

_____

电线杆——74

请将使用数字编码联想的故事写在下面：

_____

_____

请记住以上的词语与数字，并把与每个词语对应的数字写出来。

自行车——_____

枕头——_____

椅子——_____

大象——_____

电线杆——_____

训练2

鞋子——22

电视机——56

包子——64

窗台——89

军人——04

请记住以上的词语与数字,并把与每个词语对应的数字写出来。

电视机——_____

军 人——_____

包 子——_____

窗 台——_____

鞋 子——_____

第四章

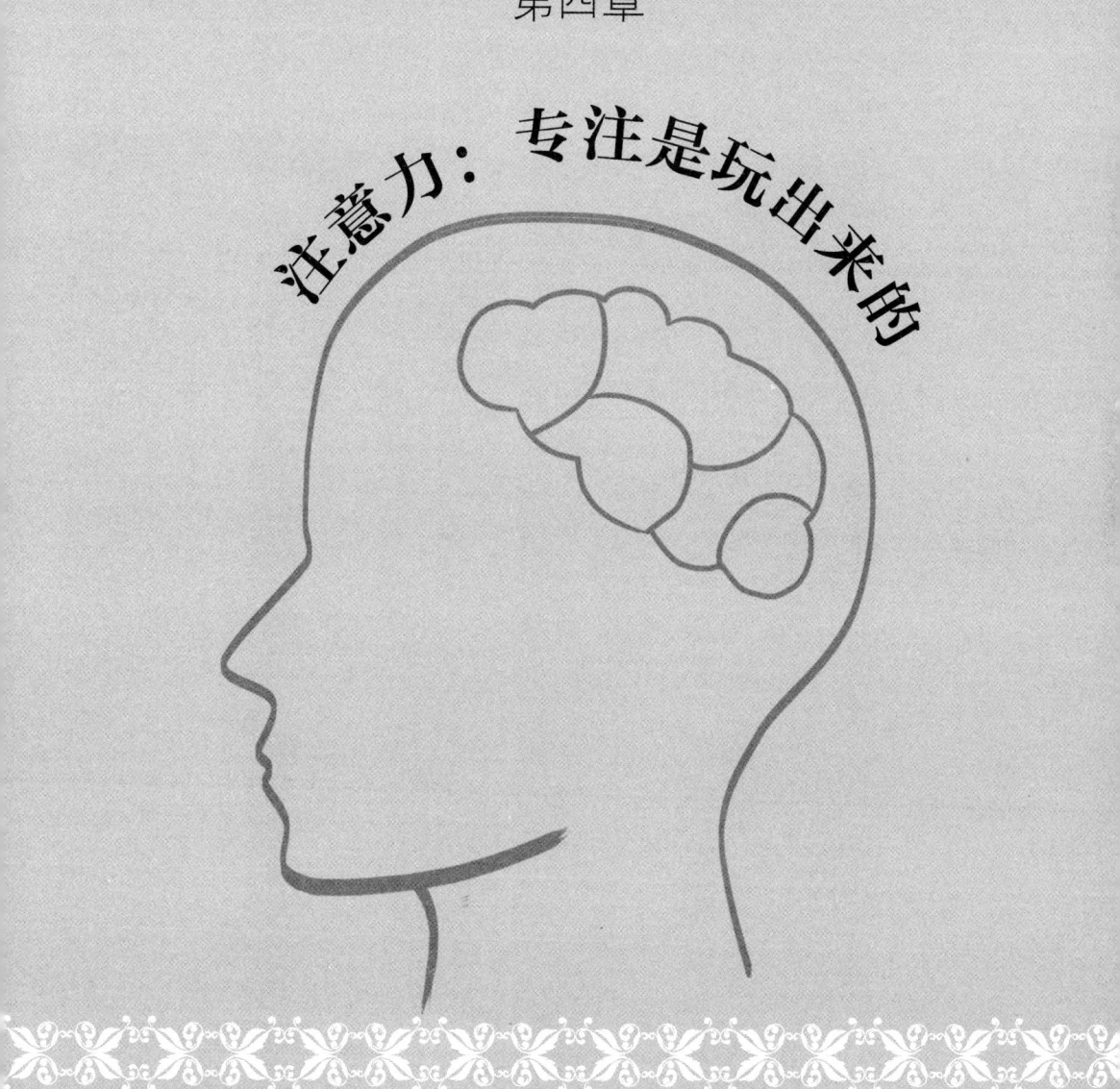

注意力：专注是玩出来的

第一节　数字舒尔特

舒尔特一般是由5×5的方格组成，每个方格中有一个数字，且数字是随机排列的，测试者需按数字从小到大的顺序依次点击方格，不能跳过，并记录下时间，时间越短，说明注意力越好。我们先从3×3的方格开始，以便大家快速入手。

3×3方格：

3	5	4
6	1	9
2	7	8

4×4方格：

1	8	9	13
7	2	14	4
12	6	16	15
3	11	5	10

5×5方格：

12	5	17	9	4
6	20	23	22	11
13	2	1	8	15
19	25	21	24	16
10	7	3	18	14

下面加大难度。

6×6方格：

4	19	8	15	22	9
11	23	20	34	27	28
26	1	32	35	3	12
13	16	7	36	33	17
24	18	25	31	2	29
5	30	10	21	14	6

7×7方格：

22	28	8	36	30	17	40
3	13	42	14	39	44	26
27	38	25	45	21	2	9
7	18	32	6	41	37	47
19	33	10	34	12	16	49
24	1	15	43	46	48	35
11	20	29	31	23	4	5

8×8方格：

2	19	10	20	15	6	23	27
7	43	28	55	36	46	58	52
24	31	42	51	62	30	45	1
8	39	11	12	18	56	63	14
35	3	53	21	41	47	37	64
16	25	44	50	48	5	59	26
54	4	33	61	40	57	49	60
17	32	34	13	29	38	22	9

9×9方格：

2	45	31	67	8	14	77	37	81
49	18	25	41	36	72	61	19	46
9	62	53	66	30	38	80	26	79
50	10	32	63	7	60	6	74	52
35	3	73	40	13	1	20	68	71
22	64	4	76	21	47	78	27	15
42	17	28	48	59	54	5	58	55
23	70	39	69	29	75	57	33	56
44	11	65	12	51	34	24	43	16

第二节　字母舒尔特

　　舒尔特方格中可以填写数字，也可以填写其他有顺序的字符，如英文字母，同样是按照字母的顺序来点击方格。每一个方格中有一个字母，且字母是随机排列的，测试者需按从a到z的顺序依次点击方格，不能跳过，并记录下时间，时间越短，说明注意力越好。

　　我们先从3×3的方格开始，以便大家快速入手。我会随机设置字母的大小写，大家只需按字母顺序点击方格即可，不必在意大小写，大小写的区分只是为了提高难度。

3×3方格：

a	c	f
d	i	h
g	e	b

4×4方格：

n	e	o	d
i	a	f	j
m	p	b	k
g	h	l	c

5×5方格（请注意大小写）：

g	o	w	e	t
a	r	h	x	p
k	u	b	l	m
c	q	s	j	y
d	n	i	v	f

e	o	c	i	t
l	U	x	j	P
b	r	h	w	a
k	m	y	q	s
G	v	D	n	f

E	L	v	a	f
q	o	y	w	T
B	k	r	m	g
h	c	s	x	D
J	u	I	n	p

d	w	o	Y	t
s	l	E	i	j
H	v	b	k	c
p	x	m	f	Q
A	n	r	u	g

第三节　汉字舒尔特

每一个方格中有一个汉字的数字，且所有数字都是随机排列的，测试者需按从小到大的顺序依次点击方格，不能跳过，并记录下时间，时间越短，说明注意力越好。

3×3方格：

六	三	八
一	五	九
四	七	二

三	八	五
七	四	九
二	六	一

三	六	八
七	九	四
五	二	一

4×4方格：

十一	十四	八	五
七	一	十五	十二
三	九	十六	四
六	十三	二	十

九	一	十三	七
四	十五	十	十六
十一	八	十四	五
六	二	十二	三

5×5方格：

十八	八	十六	二十一	十四
十	二十五	一	五	二十三
二	二十二	十三	二十四	十九
十二	二十	六	三	十一
四	十五	九	十七	七

第四节　诗词舒尔特

诗词舒尔特是指将诗词拆分成单独的汉字，并放入舒尔特方格中，测试者需按原诗词的文字顺序依次点击方格，不能跳过，并记录下时间，时间越短，说明注意力越好。

注意，可能会有重复的汉字，但点击过的方格就不能再次点击了。

从简单的古诗开始：

画

唐代：王维

远看山有色，近听水无声。

春去花还在，人来鸟不惊。

去	色	人	春	听
无	远	水	山	在
还	来	不	鸟	惊
声	有	近	花	看

静夜思

唐代：李白

床前明月光，疑是地上霜。

举头望明月，低头思故乡。

上	举	地	头	月
前	低	床	疑	望
是	月	思	乡	故
明	头	明	霜	光

春晓

唐代：孟浩然

春眠不觉晓，处处闻啼鸟。

夜来风雨声，花落知多少。

啼	不	风	闻	晓
声	花	少	知	春
处	落	来	雨	处
夜	眠	多	鸟	觉

寻隐者不遇

唐代：贾岛

松下问童子，言师采药去。

只在此山中，云深不知处。

采	松	师	只	子
此	下	云	知	山
童	不	言	处	问
去	中	在	深	药

夜宿山寺
唐代：李白

危楼高百尺，手可摘星辰。
不敢高声语，恐惊天上人。

楼	高	天	摘	手
辰	百	危	尺	人
语	声	惊	不	恐
敢	可	上	星	高

悯农二首·其一
唐代：李绅

春种一粒粟，秋收万颗子。
四海无闲田，农夫犹饿死。

秋	无	死	海	粒
颗	犹	农	饿	春
种	闲	万	四	夫
收	田	一	子	粟

小池

宋代：杨万里

泉眼无声惜细流，树阴照水爱晴柔。

小荷才露尖尖角，早有蜻蜓立上头。

惜	小	无	树	早	蜓	爱
照	尖	晴	荷	泉	上	尖
露	眼	有	水	立	流	头
阴	角	细	柔	蜻	才	声

望洞庭

唐代：刘禹锡

湖光秋月两相和，潭面无风镜未磨。

遥望洞庭山水翠，白银盘里一青螺。

湖	望	光	洞	秋	水	月
盘	两	遥	相	一	和	白
潭	里	面	银	无	螺	风
山	镜	庭	未	青	磨	翠

石灰吟

明代：于谦

千锤万凿出深山，烈火焚烧若等闲。

粉骨碎身浑不怕，要留清白在人间。

焚	锤	留	烈	间	出	火
碎	白	千	在	不	深	骨
闲	凿	浑	要	山	身	人
等	清	粉	万	烧	怕	若

第五节　图形舒尔特

在舒尔特方格里会有线条图形，请测试者根据线条的数量，从少到多依次点击方格。这里需要大家一眼看出每个图形中有多少根线条，其中最少的是1根线条，最多的是9根线条。2根线条从中间相交的，只能视作2根线条，不能当成4根线条。

3×3方格：

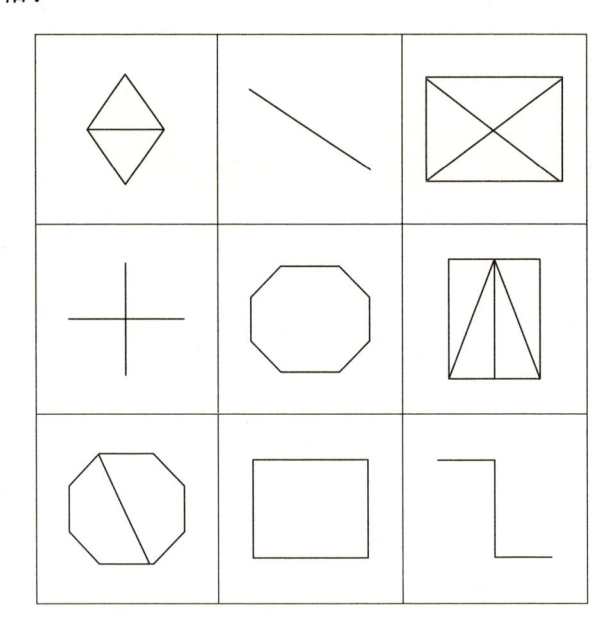

4×4方格:

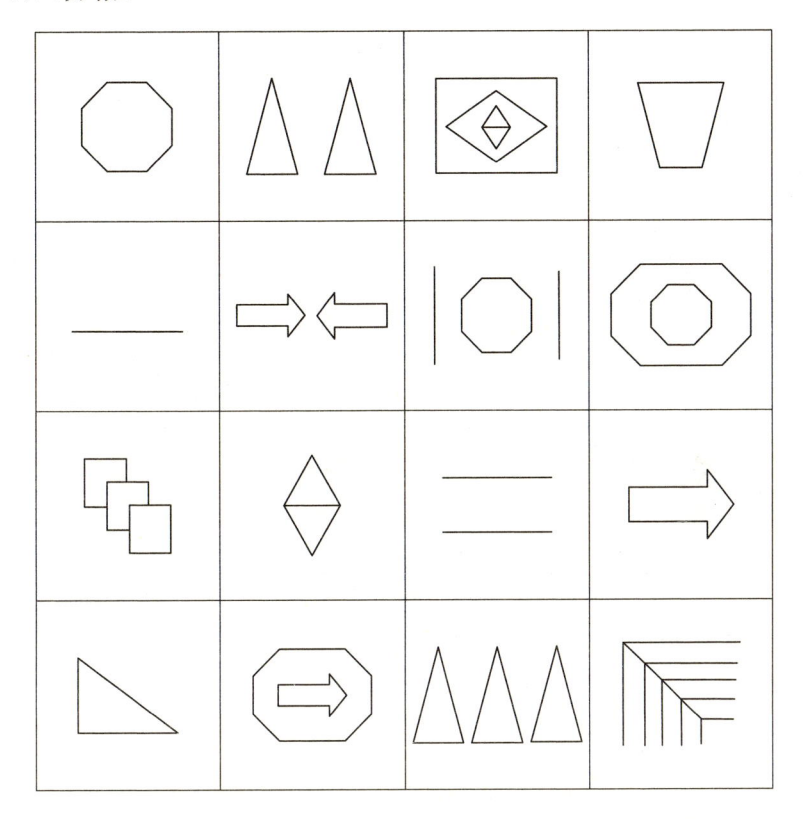

第六节 综合舒尔特

在综合舒尔特方格中会涉及数字、汉字、图形,请先计算图形的线条数量,然后根据每个方格所代表的数字,从小到大依次点击方格。综合舒尔特除了能训练注意力,还能训练反应力。

3×3方格：

△	9	六
7	1	4
二	5	⬡

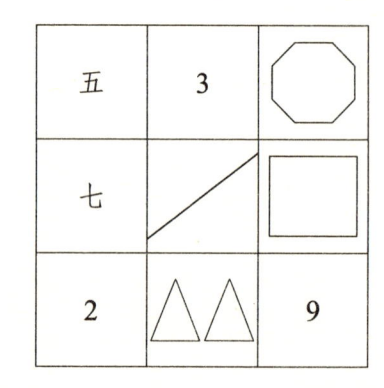

五	3	⬡
七	╱	□
2	△△	9

4×4方格：

□	13	十	7
15	11	一	14
六	⬡⬡	▫▫	3
9	二	5	⬡

1	10	▫▫	→
6	八	4	十六
△	15	13	十
14	五	11	9

第七节　数字复述

　　数字复述就是一人随机报数或随机写出数字，测试者立即按正序、倒序或乱序报出来。可以从简短的几个数字开始，慢慢熟练后再增加数字。

　　数字正序复述就是按原来的顺序报出来。倒序复述就是把原顺序颠倒后报出来。乱序复述就是按规定报出来，如7632，要求报出偶数位上的数字，那么复述的数字就是62；要求报出奇数位上的数字，复述的数字就是73；要求每隔2位数报出数字，复述的数字就是70。

训练1：数字正序复述训练

只能看一眼，按顺序报出数字

$$5304$$

增加4个数字：

$$32863873$$

增加2个数字：

$$8391204823$$

增加2个数字：

$$807258752913$$

训练2：数字倒序复述训练

只能看一眼，按倒序报出数字

$$7567$$

增加4个数字：

$$32866304$$

增加2个数字：

$$0363875291$$

增加2个数字：

$$743972108649$$

训练3：数字乱序复述训练

只能看一眼，报出偶数位上的数字

$$8520$$

增加4个数字，只能看一眼，报出偶数位上的数字：

$$32866304$$

增加2个数字，只能看一眼，报出奇数位上的数字：

0363875291

增加2个数字，只能看一眼，每隔2位数报出数字：

743972108649

增加2个数字，只能看一眼，每隔3位数报出数字：

74920128496514

第八节　找数圈字

找数圈字就是在一组数字中找出指定的数字，并圈起来。比如：找出758253中的5；找出54379324中的偶数或奇数；找出75250942中2的倍数；找出38021758中与2相加为10的数；等等。

训练1：找出这组数字中的6

8641235887543456778863120964 3186326

训练2：找出这组数字中的1

0967414786147158781577103158 91184671

训练3：找出这组数字中的0

9764154789643218921896431987 53125272

训练4：找出这组数字中的2

8907843324753954305439573432 24682478

训练5：找出这组数字中的5

8654850862343995753289972376 58835633

训练6：找出这组数字中的8

7589009674245356734909325849 35903498

训练7：找出这三组数字中的偶数

091659096512694168095483219638953768

734076416998764225897325898543578866

784329053725905730953275666340129578

训练8：找出这三组数字中的奇数

960421378086533197864247754322357777

872315689067423678764532478875432478

083218436934265347884302013274995743

训练9：找出这二组数字中的2的倍数

952680841478864588764336885434787532

785438954375340590325984347568969028

974394328743954377439239281748947429

训练10：找出这三组数字中的3的倍数

8902156885008764247898754136899615673

3122340946322943329753285349632970964

0432895743043275437932485347538932483

训练11：找出这三组数字中的4的倍数

7063268854379965457898644698654578864

3429789794230981873649385793429483254

7578543972344967573268965943728645457

训练12：找出这组数字中与2相加为10的数

7478953457988643237887542157864256852

训练13：找出这组数字中与6相加为10的数

　　　524884347885247942658974268987643 7672

训练14：找出这组数字中与1相加为5的数

　　　8955989633248975415891487852588425884

训练15：找出这组数字中减3为4的数

　　　8643932566432532743924783265389 73257

训练16：找出这组数字中减2为5的数

　　　8594358953464329543753949326432 46543

第九节　报数

　　报数训练就是从1到100把数字报出来，但有一定的要求，如把偶数报出来，或把3的倍数报出来。

　　请按要求进行报数。

训练1：按顺序写出1—100中的奇数

_____
_____
_____
_____

训练2：按顺序写出1—100中的2的倍数

_____
_____
_____

训练3：按顺序写出1—100中的3的倍数

_____

_____

_____

训练4：按顺序写出1—100中的质数

_____

_____

_____

第十节　找不同

找不同就是从一组字符中找出与其他不一样的字符，直接圈出来。这个游戏训练的是反应能力，需要计时。所用时间越短，说明反应速度越快。

训练1

1111111111111111111111111111
1111111111111111171111111111
1111111111111111111111111111
1111111111111111111111111111
1111111111111111111111111111

思维大爆炸
挑战超级脑力的记忆开发游戏

训练2

3333333333333333333333333333
3333333333333333333333333333
3333333333333333333333333333
3333333333333333333333383333
3333333333333333333333333333

训练3

9999999999999999999999999999
9999999999999999999999999999
9699999999999999999999999999
9999999969999999999999999999
9699999999999999999999999999

训练4

日日日日日日日日日日日日日日
日日日日日日日日日日日日日日
日日日日日日日日日日日日日日
日日日日日日日日日日日日日日
日日日日日日日日日日日日日日

训练5

甲甲甲甲甲甲甲甲甲甲甲甲甲甲
甲甲甲甲甲甲甲甲甲甲甲甲甲甲
甲甲甲甲甲甲甲甲甲甲甲甲甲甲
甲甲甲甲甲甲甲甲甲甲甲甲甲甲
甲甲甲甲甲甲甲甲甲甲甲甲甲甲

第四章　注意力：专注是玩出来的

训练 6

荣荣荣荣荣荣荣荣荣荣荣荣荣荣荣荣
荣荣荣荣荣荣荣荣荣荣荣荣荣荣荣荣
荣荣荣荣荣荣荣荣荣荣荣荣荣荣荣荣
荣荣荣荣荣荣荣荣荣荣荣荣荣荣荣荣
荣荣荣荣荣荣荣荣荣荣荣荣荣荣荣荣

训练 7

肓肓肓肓肓肓肓肓肓肓肓肓肓肓肓肓
肓肓肓肓肓肓肓肓肓肓肓肓肓肓肓肓
肓肓肓肓肓肓肓肓肓肓肓肓肓肓肓肓
肓育肓肓肓肓肓肓肓肓肓肓肓肓肓肓
肓肓肓肓肓肓肓肓肓肓肓肓肓肓肓肓

训练 8

天天天天天天天天天天天天天天天天
天天天天天天天天天天天天天大天天
天天天天天天天天天天天天天天天天
天天天天天天天天天天天天天天天天
天天天天天天天天天天天天天天天天

训练 9

甲甲甲甲甲甲甲甲甲甲甲甲甲甲甲甲
甲甲甲甲甲甲甲甲甲甲甲甲甲甲甲甲
甲甲甲甲甲甲甲甲甲甲甲甲甲甲甲甲
甲甲甲甲甲甲甲甲甲甲甲甲甲甲甲甲
甲甲甲甲甲甲甲甲甲甲甲甲甲甲甲甲

思维大爆炸
挑战超级脑力的记忆开发游戏

训练 10

夭夭夭夭夭夭夭夭夭夭夭夭夭夭
夭夭夭夭夭夭夭夭夭夭夭夭夭夭
夭夭夭夭夭夭夭夭夭夭夭夭夭夭
夭夭夭夭夭夭夭夭夭夭夭夭夭夭
夭夭夭夭夭夭夭夭夭夭夭夭夭夭

训练 11

巳巳巳巳巳巳巳巳巳巳巳巳巳巳
巳巳巳巳巳巳巳巳巳巳巳巳巳巳
巳巳巳巳巳巳巳巳巳巳巳巳巳巳
巳巳巳巳巳巳巳巳巳巳巳巳巳巳
巳巳巳巳巳巳巳巳巳巳巳巳巳巳

训练 12

士士士士士士士士士士士士士士
士士士士士士士士士士士士士士
士士士士士士士士士士士士士士
士士士士士士士士士士士士士士
士士士士士士士士士士士士士士

训练 13

令令令令令令令令令令令令令令
令令令令令令令令令令令令令令
令令令令令令令令令令令令令令
令令令令令令令令令令令令令令
令令令令令令令令令令令令令令

训练 14

姐姐姐姐姐姐姐姐姐姐姐姐姐姐姐
姐姐姐姐姐姐姐姐姐姐姐姐姐姐
姐姐姐姐姐姐姐姐姐姐妲姐姐
姐姐姐姐姐姐姐姐姐姐姐姐
姐姐姐姐姐姐姐姐姐姐姐姐姐

第十一节　找相同

这是一个找相同数字、汉字、词语的游戏，同样锻炼的是观察力与反应能力。

训练 1

以下数字中有多少个 5？

7984329438594328432949324888432949328594328483294565784939483248329493858392489358739828475893294832

训练 2

以下数字中有多少个 3？

742347832875843284732899857358984328473284329483274858324847328748325878432894832785894239848327858432548328438487584328748738438574388437848325758432

训练 3

以下数字中有多少个 8？

84305437543959034543854306523574390259432863496804358432094732503256348854039490375938590327583849032858937590348959034754395903753489950348594375943950385438985939859438589345893509

3753495040358493758438590385983475934859034758934859039593475934 8545

训练4

以下汉字中有多少个夭字?

大大夭天太大天大天大天大太大大天天太
天天太大天大天大天大天大天大天大天天
天大天天太大天大天大天大天大天大天天

训练5

以下汉字中有多少个日字?

目旦目旦日目旦目旦目旦目旦目旦目旦目
目旦目旦目旦目旦目旦目旦目旦目旦目旦
目旦目旦目旦目旦目旦目旦目旦目旦目旦
目旦目日目旦目旦目旦目旦目旦旦目日目

训练6

以下汉字中有多少个十字?

干土士干土十干土士干土士干土士干土士
士干土士干土士干土士十土士干土士干干
士干土士干土士干土士干土士干土士十士
士士十士干土士干土干土士干土士干士干
干土士干土士士干土士士士士士十干土士干

训练7

找出以下两行文字中相同的字并圈出来。

我、好、你、大、中、起、需、要、城、二、单、为
在、为、也、人、姑、掩、需、晃、经、审、老、枯

训练 8

找出以下两行文字中相同的字并圈出来。

喹、一、直、在、顶、替、要、杳、城、震、霜、村

城、硒、硅、夼、姑、缄、震、枯、在、了、不、霜

训练 9

找出以下两行文字中相同的字并圈出来。

地、在、中、眼、吧、橱、厅、缄、好、苛、酚

娠、枯、标、酚、隋、顶、肝、早、怀、苛、橱、酐

训练 10

找出以下两段文字中相同的词语并圈出来。

开心、快乐、欢乐、欢快、欢喜、喜悦、夷愉、愉快、乐意
首肯、愿意、快活、愉悦、怡悦、雀跃、忻悦、欢腾、欣喜

兴奋、欢腾、欢跃、欢欣、欢畅、欢娱、得意、痛快、康乐
安乐、欢喜、得志、称心、满足、愿意、满意、畅快、舒畅

训练 11

找出以下两段文字中相同的词语并圈出来。

玩耍、需要、避震、奇才、城西、棒球、大哥、查询、天天
里面、三百、崭新、枯叶、压根、南极、姑丈、惯例、霜叶

奇事、吞噬、奇怪、顶好、树叶、教练、嫌疑、恰巧、杂志
需要、查询、随身、艺术、陆丰、随口、承载、压根、横跨

训练 12

找出以下两段文字中相同的词语并圈出来，不包括单字。

我是一名记忆爱好者，开发了一款训练记忆力的软件，下载次数已有两百万，请大家多支持。我会尽可能地分享知识速记的内容，让人人都能轻松记忆，快乐学习！

学习是需要个人多多努力的，上课前要提前预习，课后要及时复习，做题前把知识点都弄懂了，千万不要一边做题一边查书。尽可能做好一切，才能轻松提高成绩！

第十二节　视点凝视

保持所处环境绝对安静，平缓呼吸，不要太靠近黑点。凝视黑点正中间，余光也要注视整个黑点，保持凝视黑点3分钟以上，这个过程中尽量不要眨眼睛，看看黑点会有什么变化。

●

刚开始时可能会觉得不适应，眼睛会流泪，请坚持训练一段时间，你会觉得黑点变大了，白纸也不再那么刺眼了。

视点凝视除了可以提高注意力，还对视力有一定的帮助。

接着放大黑点，请再次凝视黑点！

●

下面进行一下简单的测试，请观察下页的图形是凹进去的，还是凸出来的，这两种情况是否可以来回切换。

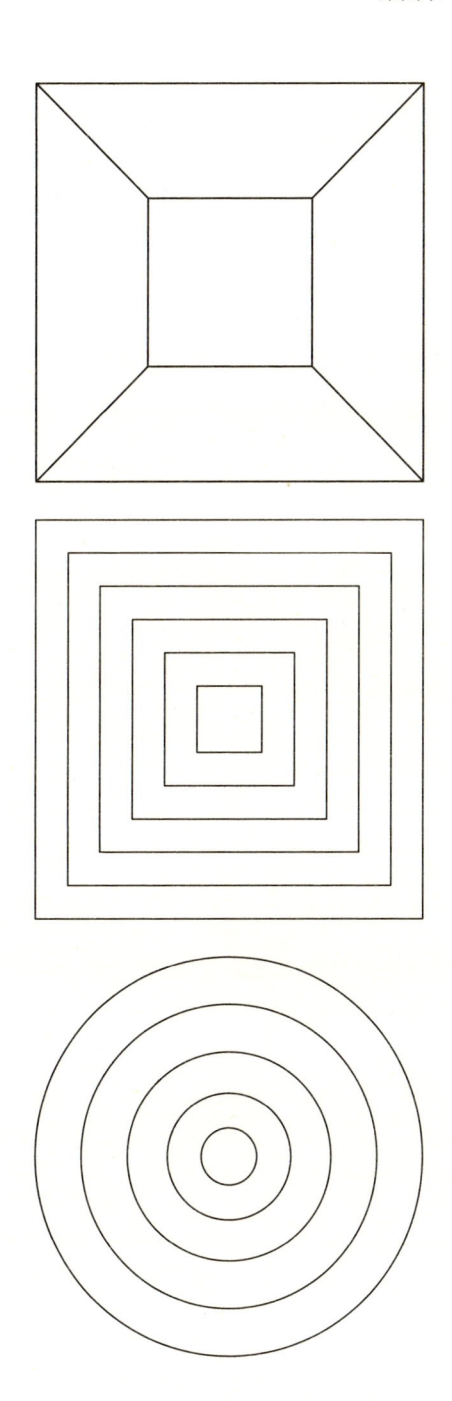

第四章 注意力：专注是玩出来的

第十三节　视点移动

训练要求：根据箭头指示的方向，按照线条路线，快速观察每一个黑点，不能跳过任何一个黑点。

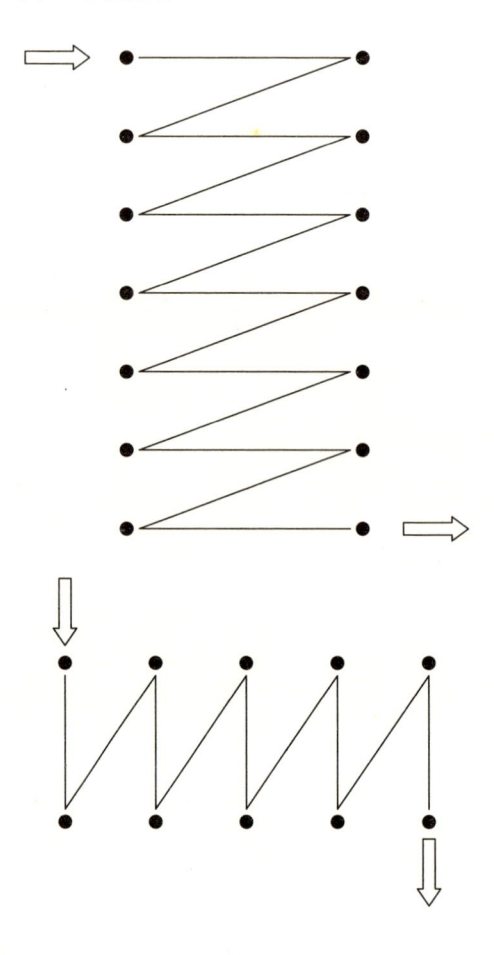

第十四节　注意力分配

注意力分配就相当于一心二用，即同时做两件事。这里测试用左右手同时画出不同的图形。

比如以下两个图形：

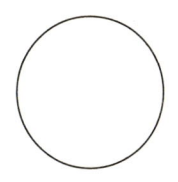

左手画圆形，右手画正方形，大小要和这两个图形差不多。

为了方便大家画图，我将两个形状相同，但大小不同的图形嵌套在一起，两个图形中间会有空白区域，请大家在这个空白区域中画出相应的图形。

请左手画圆形，右手画正方形

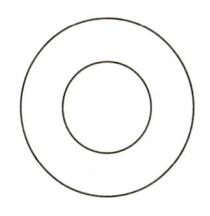

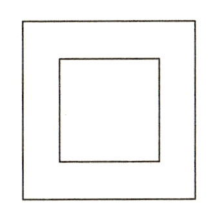

请左手画圆形，右手画三角形

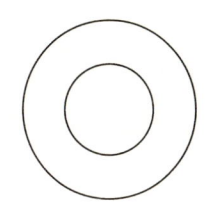

请左手画圆形，右手画菱形

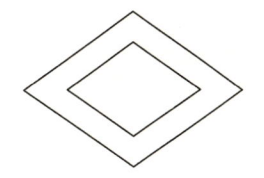

思维大爆炸
挑战超级脑力的记忆开发游戏

请左手画正方形，右手画圆形

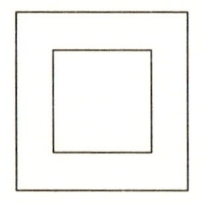

请左手画正方形，右手画三角形

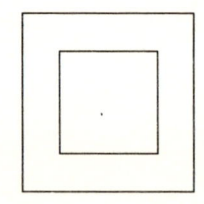

请左手画三角形，右手画圆形

请左手画五边形，右手画菱形

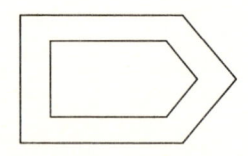

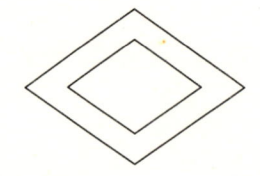

以下将去掉图形参照，请按要求在方框中画图。

第四章 注意力：专注是玩出来的

请左手画圆形，右手画正方形

请左手画圆形，右手画三角形

请左手画正方形，右手画三角形

请左手画圆形，右手画菱形

请左手画五边形，右手画菱形

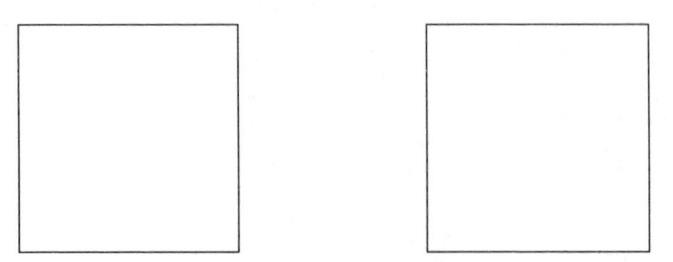

第十五节　旋转问题

旋转问题，顾名思义，是先将问题旋转一定的角度，再把答案写出来。

比如：

13 + 5

或：

（13+5 倒置显示）

先将问题旋转后可知题目是13+5=？

答案：18。

训练

2 + 7

答案：_____

第四章 注意力：专注是玩出来的

54 + 12

答案：_____

546 + 123

答案：_____

427 − 658

答案：_____

531 − 962

答案：_____

12+57

答案：_____

45+36

答案：_____

147+246

答案：_____

91

第五章

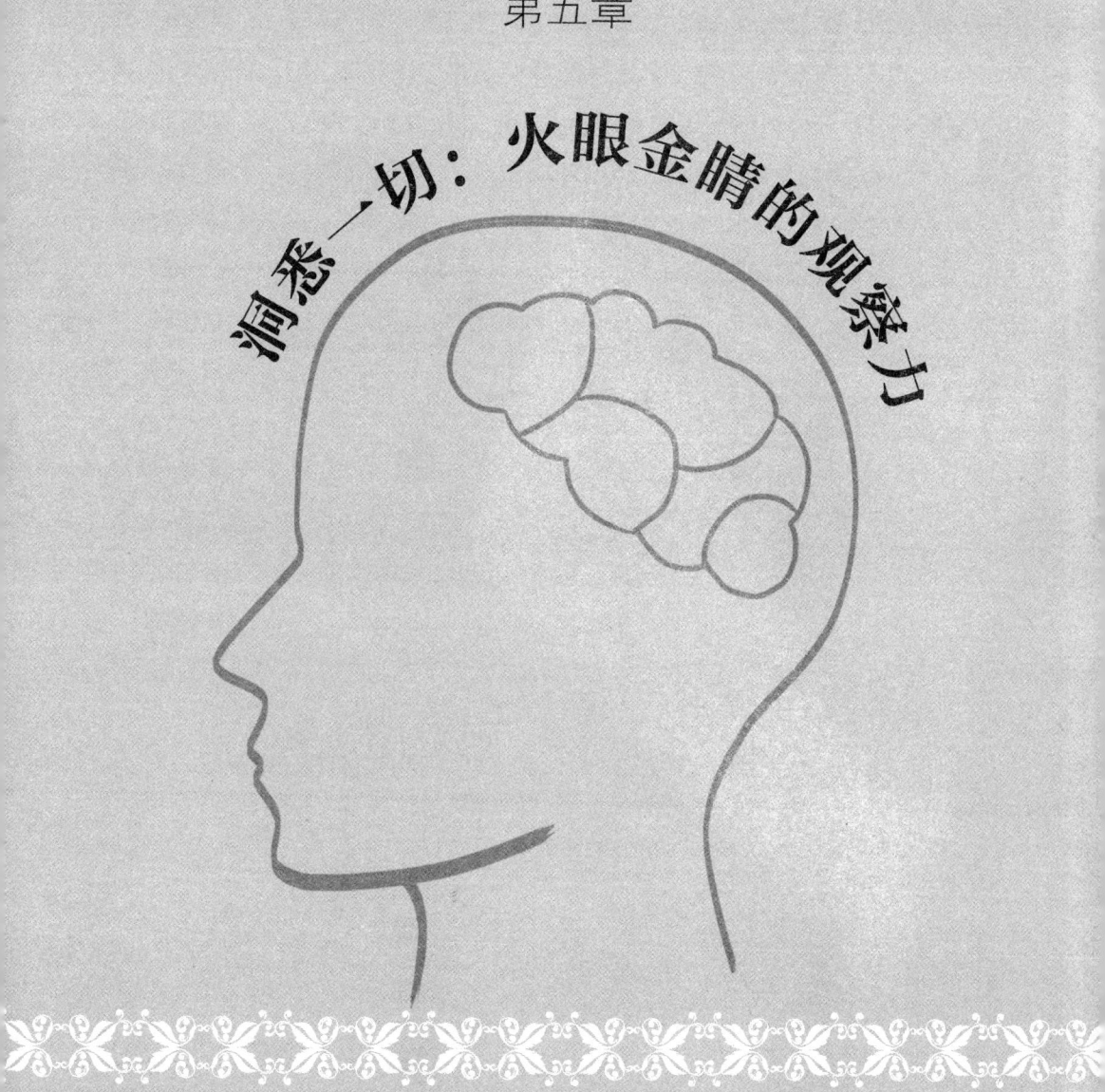

洞悉一切：火眼金睛的观察力

第一节　文字异同

以下每题中都有两组字符，请观察两组字符是否相同，并在相应的方框中打√。该训练锻炼的是观察力与反应能力。

训练1：数字

897858989655
897858989655

| 相同 | 不同 |

080085320809
080085820809

| 相同 | 不同 |

843229352794320843278
843229352704320843278

| 相同 | 不同 |

第五章　洞悉一切：火眼金睛的观察力

78539853227853295327843253354
78539853227853295327843253354

| 相同 | 不同 |

8543032475430593408534958034955435435345
8543032475430593408534953034955435435345

| 相同 | 不同 |

7534057385803485934705936843894302957345953543543543
7534057385803485934795936843894302957345953543543543

| 相同 | 不同 |

853457345943-584395684035437990=54364369004328593245
853457345943-584395684035437990=54364369004328593245

| 相同 | 不同 |

训练2：字母

agjkdbnosdgffdsglgnvfds
agjkdbnosdgffdsglgnvfds

| 相同 | 不同 |

95

Gfdsgfdjkksgokfdsagfdsk9gdsfjgfdsogfds

Gfdsgfdjkksgokfdsagfdskggdsfjgfdsogfds

| 相同 | 不同 |

Kbdfjfdfsfjdsjfdssvfxknvmdvkdf1nvdspjfd

Kbdfjfdfsfjdsjfdssvfxknvmdvkdf1nvdspjfd

| 相同 | 不同 |

frj432jdshfu−4jhdsofdsgs42fdskgfd, gdsih

frj432jdshfu−4jhdsofdsgs42fdskgfd gdsih

| 相同 | 不同 |

fodsfnddsFDldnj3fds9fdsabfdsaosLbnvd9

fodsfnddsFDldnj3fds9fdsabfdsaosLbnvd9

| 相同 | 不同 |

fdsofdsVDS89hufdsHFDS3jfdsjhlfdsflovd

fdsofdsVDS89hufdsHFDS3jfdsjhifdsflovd

| 相同 | 不同 |

第五章 洞悉一切：火眼金睛的观察力

训练3：随机字符

HΘIKζηθικ∧MNΞOΠΡΣΤΥΦЦЧШХΨ∝∞∧
HΘIKζηθi κ∧MNΞOΠΡΣΤΥΦЦЧШХΨ∝∞∧

| 相同 | 不同 |

こん∩∈∴さエマミ⌒⊙≌し§ΦΠīP№☆す
こん∩∈∴さエマミ⌒⊙≌し§ΦΠīP№☆す

| 相同 | 不同 |

训练4：汉字

堃枕湖崹探篪贞胰嚓钒误爀塍墅扒睠霂敳鋺锸
堃枕湖崹探篪贞胰嚓钒误爀塍墅扒睠霂敳鋺锸

| 相同 | 不同 |

桩糶擶貝犺崛笒甬憺鎊膈術雗㵼爍彉潚爩薊驕
桩糶擶貝抗崛笒甬憺鎊膈術雗㵼爍彉潚爩薊驕

| 相同 | 不同 |

亮骈鉧笓洘扻郿鷴偩剪腈庯銘熙㧾腺崍瀾猺爩
亮骈鉧笓洘扻郿鷴偩剪腈庯銘熙㧾腺崍瀾猺爩

| 相同 | 不同 |

裔穄鸹窝烩縱鈮鸠詣敀復嶢去戲役跷賾桧欝咃諨
裔穄鸹窝烩縱鈮鸠詣敀復嶢去戲投跷賾桧欝咃諨

| 相同 | 不同 |

笈虢勷炋酼眙徥纠憸擽炼粿蛬鐼郭磕雴鮨陑鏖傎
笈虢勷炋酼眙徥纠憸擽炼粿蛬鐼郭磕雴鮨陑鏖傎

| 相同 | 不同 |

第二节　图形之异

对比两张图，找出不同的地方。

训练1

上面这两幅图画相同吗？请标示出不同的地方（可能不止一处）。

训练2

上面这两幅图画相同吗？请标示出不同的地方（可能不止一处）。

训练3

上面这两幅图画相同吗？请标示出不同的地方（可能不止一处）。

训练4

上面这两幅图画相同吗？请标示出不同的地方（可能不止一处）。

训练5

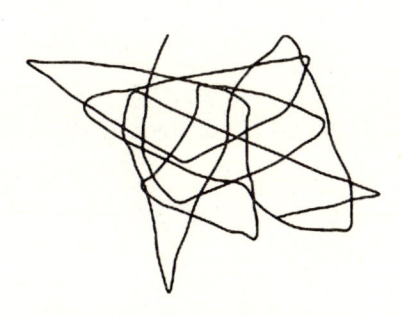

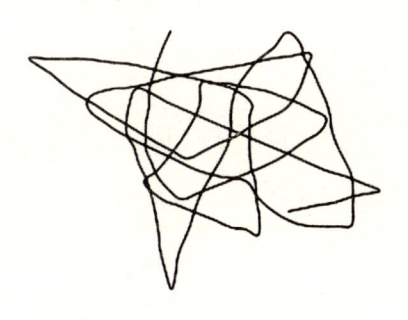

上面这两幅图画相同吗？请标示出不同的地方（可能不止一处）。

训练6

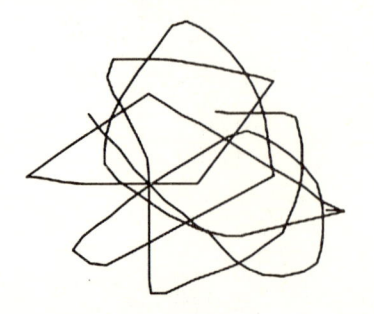

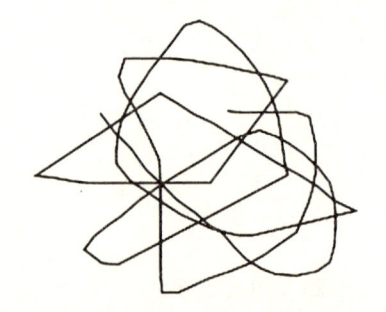

上面这两幅图画相同吗？请标示出不同的地方（可能不止一处）。

训练7

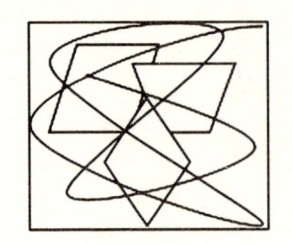

上面这两幅图画相同吗？请标示出不同的地方（可能不止一处）。

第三节　找相同

请把相同的两个图形标示出来。

比如：以下三个图中，第一个图形和第三个图形相同，则在这两个图形的下方画上√。

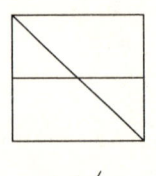

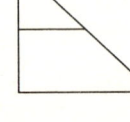

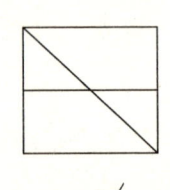

　　　√　　　　　　　　　　　　　　√

第五章 洞悉一切：火眼金睛的观察力

训练 1

请在相同的两个图形下面打√。

训练 2

请在相同的两个图形下面打√。

训练 3

请在相同的两个图形下面打√。

训练 4

请在相同的两个图形下面打√。

训练 5

请在相同的两个图形下面打√。

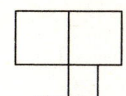

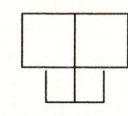

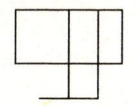

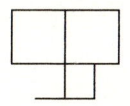

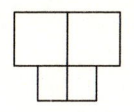

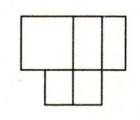

训练6

请在相同的两个图形下面打√。

训练7

请在相同的两个图形下面打√。

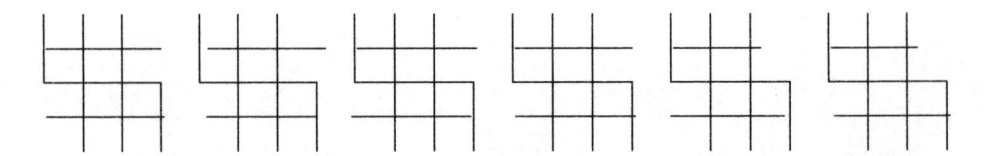

第四节　图形规律

观察图形，找出内在的规律，按要求画出图形。

训练1

根据下面这组图形的排列规律画出第8个图形。

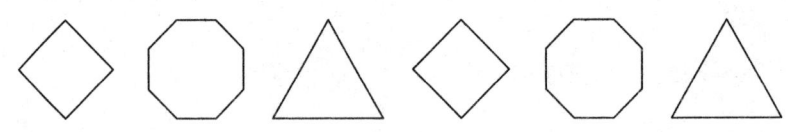

第8个图形是：

训练2

请根据下面这组图形的排列规律画出第12个图形。

第12个图形是：

训练 3

请根据下面这组图形的排列规律画出第 22 个图形。

第 22 个图形是：

训练 4

请根据下面这组图形的排列规律画出第 103 个图形。

第 103 个图形是：

训练 5

请根据下面这组图形的排列规律画出第 7 个图形。

第 7 个图形是：

训练 6

请根据下面这组图形的排列规律画出第 11 个和第 13 个图形。

第 11 个图形是：

第 13 个图形是：

训练 7

请根据下面这组图形的排列规律画出第10个图形。

第10个图形是：

训练 8

请根据下面这组图形的排列规律画出第6个图形。

第6个图形是：

训练 9

请根据下面这组图形的排列规律画出第10个和第11个图形。

第10个图形是：

第11个图形是：

训练 10

请根据下面这组图形的排列规律画出第10个图形。

第10个图形是：

第五节　棋盘复原

棋盘复原游戏，指的是在一张表格上随机分布着一些黑点，你只有3秒钟的时间进行记忆，之后捂住棋盘，在下面的空白表格中画出相应的黑点。

训练1

请观察上面的棋盘3秒，然后将其遮住，在下面的棋盘中画上相应的黑点。

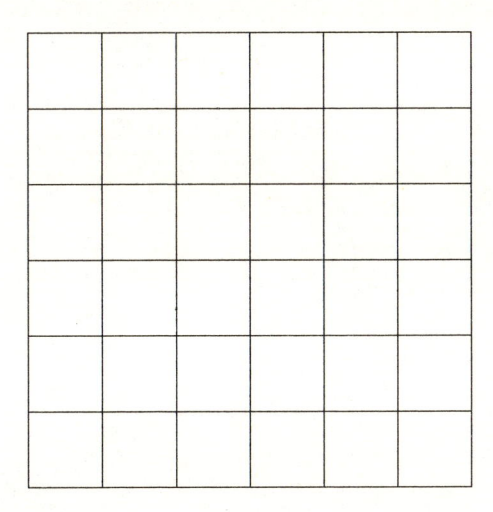

训练2

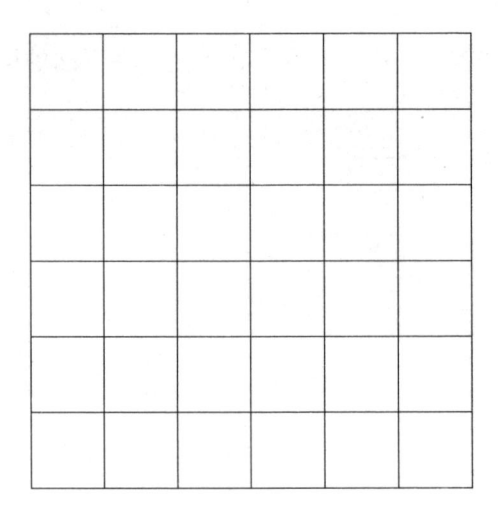

请观察上面的棋盘3秒，然后将其遮住，在下面的棋盘中画上相应的黑点。

训练3

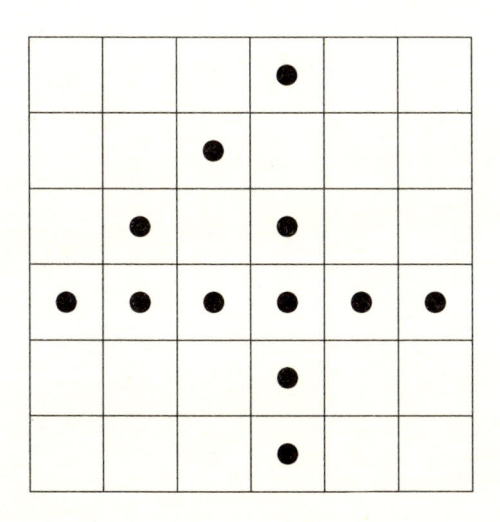

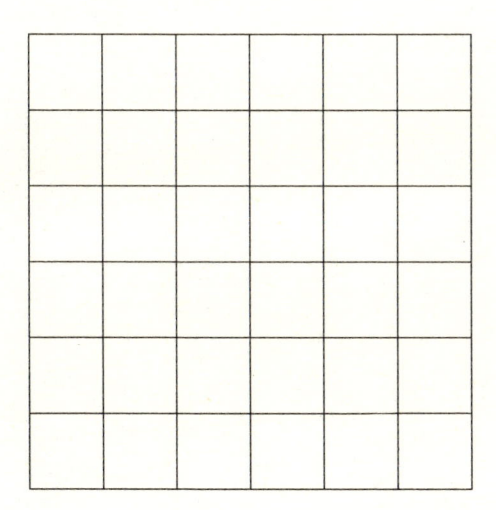

请观察上面的棋盘3秒,然后将其遮住,在下面的棋盘中画上相应的黑点。

训练4

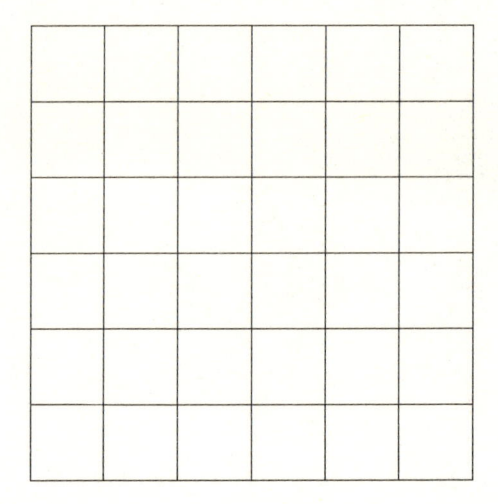

请观察上面的棋盘3秒,然后将其遮住,在下面的棋盘中画上相应的黑点。

训练5

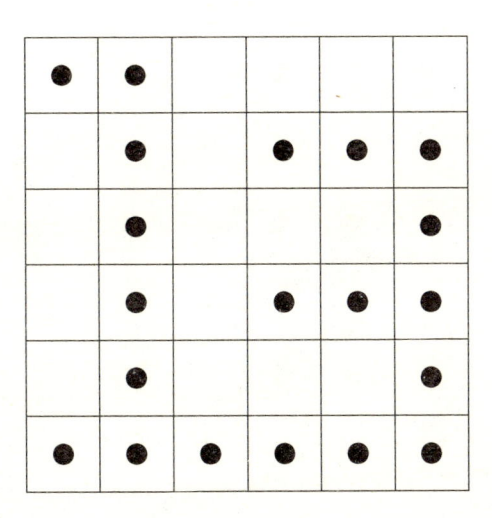

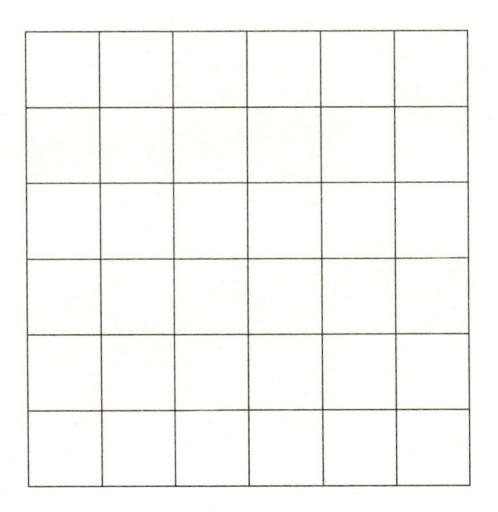

请观察上面的棋盘4秒，然后将其遮住，在下面的棋盘中画上相应的黑点。

训练6

请观察上面的棋盘5秒，然后将其遮住，在下面的棋盘中画上相应的黑点。

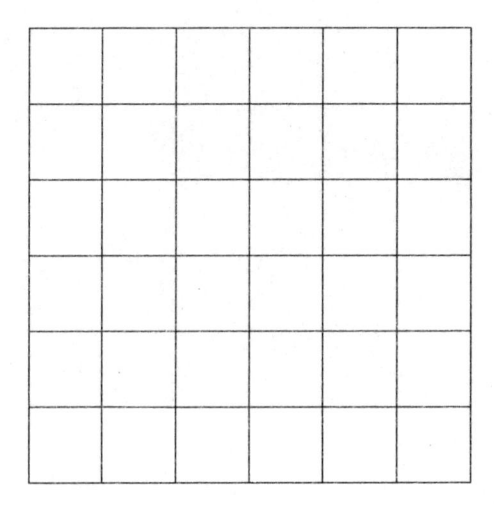

训练7

请观察上面的棋盘5秒，然后将其遮住，在下面的棋盘中画上相应的黑点。

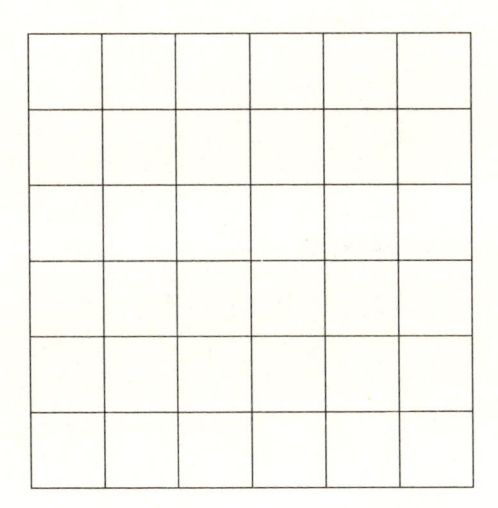

第六节　缺少的字符

这个游戏中会随机提供一些数字、字母或汉字，并给出一定的限制条件，要求在尽可能短的时间内找出缺少的字符。

训练1

快速找出1—9中缺少的数字。

　　　　　　1　　7　　3
　　　　8　　6　　9　　4　　2

所缺的数字是：_____

训练2

快速找出1—9中缺少的数字。

　　　4　　　　　8　　　　2
　　　　　1　　　　　9
　　　　　　5　　3　　6

所缺的数字是：_____

训练3

快速找出1—9中缺少的数字。

　　　　2　　9　　4　　6
　　　5　　7　　1　　　3

所缺的数字是：_____

训练4

快速找出1—20中缺少的数字。

```
        7     11     2         4     19
                  5      15        9     12
        3    17      8        18      1
                10      13        6      16
                              20
```

所缺的数字是：＿＿＿＿＿＿＿＿

训练 5

快速找出 1—9 中缺少的奇数。

```
                         1           5
                   3           7
```

所缺的奇数是：＿＿＿＿＿＿＿＿

训练 6

快速找出 1—10 中缺少的偶数。

```
                   4         6
                      2    10
```

所缺的偶数是：＿＿＿＿＿＿＿＿

训练 7

快速找出 a—g 中缺少的字母。

```
             e        c     g
          b        d        a
```

所缺的字母是：＿＿＿＿＿＿＿＿

训练 8

快速找出 a—g 中缺少的字母。

```
           g       a        d
        c       f        b
```

所缺的字母是：_____

训练9

快速找出a—z中缺少的字母。

```
        w   a   e   l   t   n   o   x
        h   r   j   q   y   m   d   k
        i   u   z   s   b   f   c   p   g
```

所缺的字母是：_____

训练10

快速找出a—z中缺少的字母。

```
        e   a   q   v   h   p   s   m
        j   r   k   u   t   z   d   c
        i   l   y   f   x   o   b   g   n
```

所缺的字母是：_____

训练11

快速找出一至九中缺少的汉字。

```
        四      一      九      五
        二      六      三      八
```

所缺的汉字是：_____

训练12

快速找出一至九中缺少的汉字。

三　　五　　　九　　　一

　　　七　　　二　　　六　　四

所缺的汉字是：_____

训练 13

快速找出一至九中缺少的汉字。

　　六　　　七　　　　二

　　　三　一　　八　　四　九

所缺的汉字是：_____

训练 14

快速找出缺少的天干。

　　　癸　乙　　己　　　辛

　　戊　　壬　　庚　　甲　　丙

所缺的天干是：_____

训练 15

快速找出缺少的天干。

　　　丙　　　辛　　　甲　　　戊

　　　　庚　乙　　壬　　　丁　癸

所缺的天干是：_____

第七节　数字规律

训练 1

下列每一组数字都是有规律的，你只需要在最短的时间内找出每组数字的规律，然后在相应的括号中填写正确的数字即可。

（a）1、3、5、7、（　）

（b）2、4、6、（ ）、10

（c）5、8、11、14、17、（ ）、23

（d）2、7、12、17、22、27、（ ）

（e）35、32、29、26、23、20、（ ）

（f）2、6、18、54、（ ）

（g）88、44、22、（ ）

（h）1、3、6、8、9、11、21、23、45、（ ）

（i）5、9、13、17、21、25、（ ）

（j）2、5、7、1、8、9、12、6、（ ）

（k）5、2、3、9、0、9、13、（ ）、3

（l）2、4、8、1、9、9、3、7、（ ）

（m）5、6、8、11、15、（ ）

（n）2、3、6、2、12、2、24、1、24、5、（ ）

（o）3、5、5、5、7、5、9、11、5、（ ）、（ ）、5

（p）1、4、5、3、8、11、7、2、9、（ ）、（ ）、11

（q）1、3、2、4、5、7、6、8、（ ）、（ ）、（ ）、（ ）

（r）2、3、5、8、12、17、（ ）、（ ）

训练2

找出表格中数字的规律，并在相应的空格中填写正确的数字。

3	4	7
1	5	6
4		8

3	2	1
6	2	4
9	2	

5	1	5
4	6	24
3		27

1	5	4
4	6	2
7		3

3	2	6
6	7	4
	9	10

2	4	1
1	2	
3	6	9

1	2	5
1	6	15
1	3	

1	6	4
1	4	6
	6	1

训练3

下面升级表格，请找出表格中数字的规律，并在相应的空格中填写数字。

3	2	5	10
1	4	6	11
4	2	7	13
	3	5	9

1	3	4	2
3	5	8	4
4	6	10	5
7	1		

2	3	1	5
4	2	6	36
5	1	7	42
6	3	5	

6	2	4	2
7	3	2	5
2	5	3	4
40		5	6

第八节　看图画图

你有3秒钟的时间，请快速浏览给出的图形之后，立即画出相应的图形。

训练1

请画出图形：

训练2

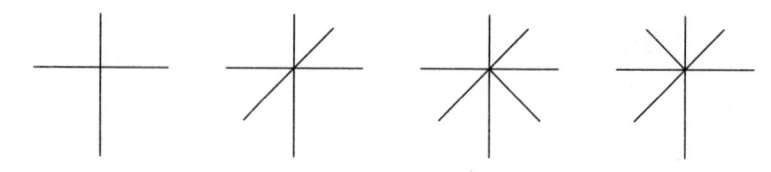

请画出图形：

训练 3

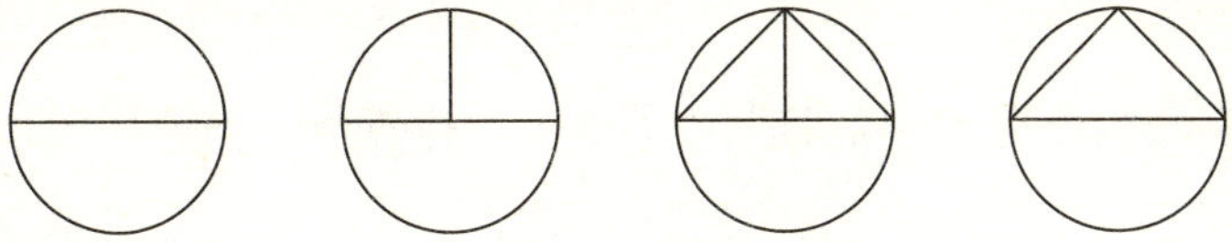

请画出图形：

训练 4

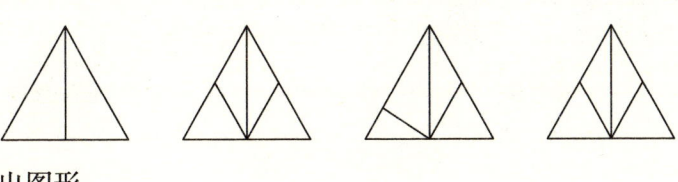

请画出图形：

训练 5

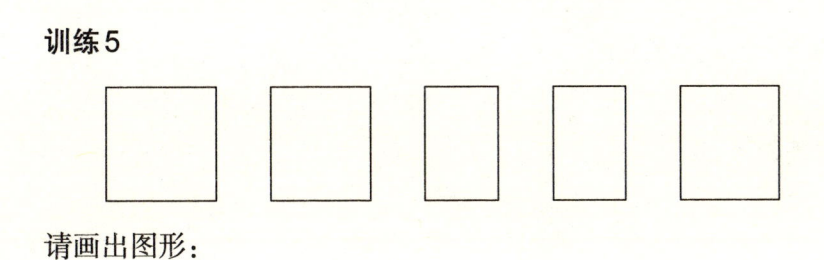

请画出图形：

第九节　数黑点

请观察圆圈中有多少个黑点，不能用手指着数，只能通过眼睛观察。

比如：

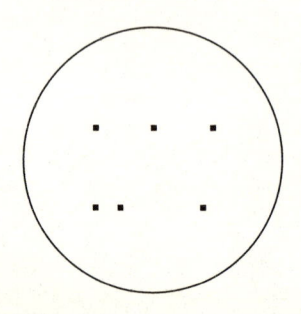

圆圈中黑点数量是：6个。

训练1

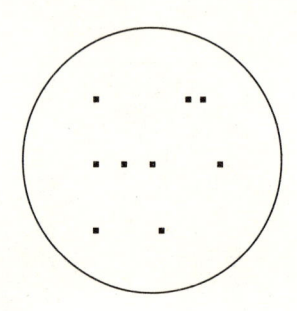

圆圈中黑点数量是：_____个。

训练2

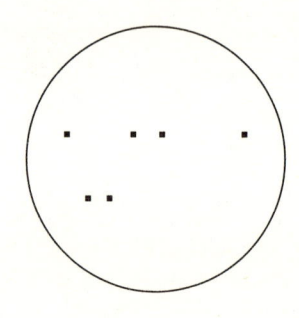

圆圈中黑点数量是：_____个。

训练 3

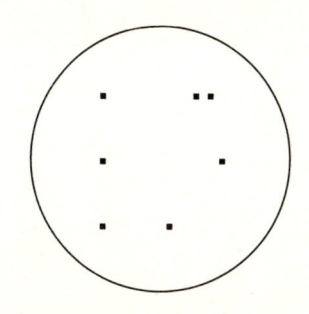

圆圈中黑点数量是：_____个。

训练 4

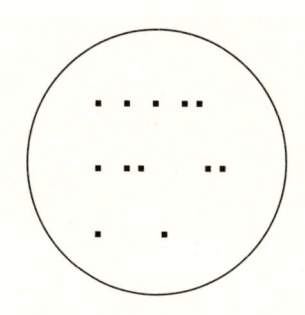

圆圈中黑点数量是：_____个。

训练 5

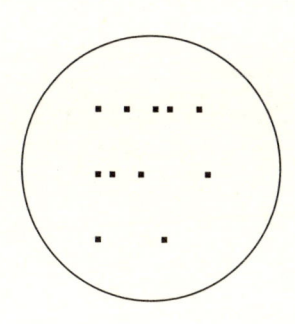

圆圈中黑点数量是：_____个。

思维大爆炸
挑战超级脑力的记忆开发游戏

训练6

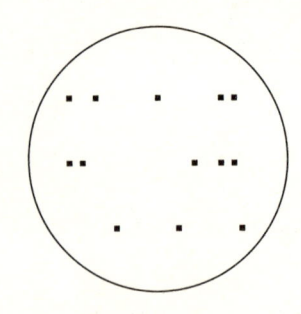

圆圈中黑点数量是：_____个。

训练7

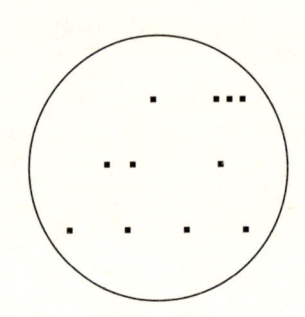

圆圈中黑点数量是：_____个。

训练8

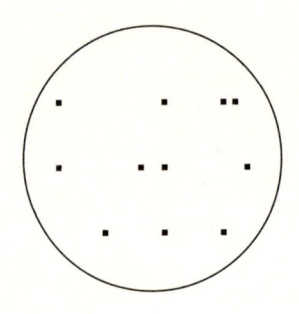

圆圈中黑点数量是：_____个。

训练 9

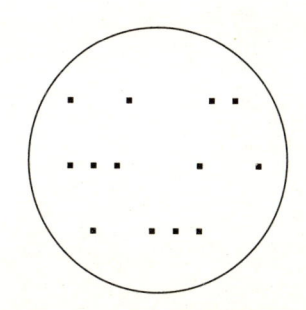

圆圈中黑点数量是：_____ 个。

训练 10

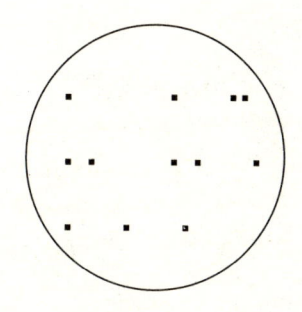

圆圈中黑点数量是：_____ 个。

训练 11

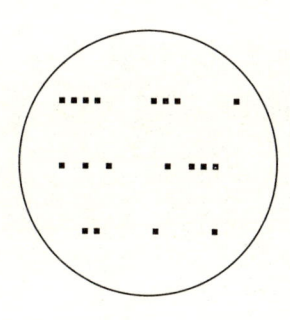

圆圈中黑点数量是：_____ 个。

训练 12

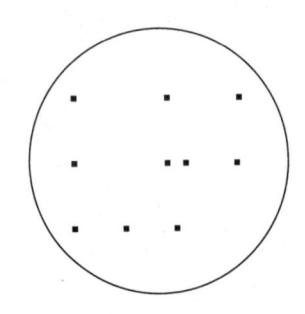

圆圈中黑点数量是：_____ 个。

第十节　不一样的句子

观察给出的两个句子，找出不同的地方。注意：先读上句，再读下句，尽量不要同时看上下两句。

比如：

1. 今天我们一起吃早餐吧，好吗？
2. 今天我们一起吃午餐吧，好吗？

不同的地方是：早餐/午餐。

训练 1

1. 这里有好大一片的森林啊，空气真好！
2. 这里有好大一片的树林啊，空气真好！

不同的地方是：_____

训练 2

1. 请进，我倒杯水给您喝！
2. 请进，我倒杯茶给您喝！

不同的地方是：_____

训练 3

1.这是一个记忆力训练游戏。

2.这是一个记忆法训练游戏。

不同的地方是：_____

训练 4

1.你妈妈喊你回家吃饭，还不快点回去！

2.你妈妈喊你回去吃饭，还不快点回去！

不同的地方是：_____

训练 5

1.我们都是普通人，但可以通过后天的训练来开发大脑，提高记忆力。

2.我们都是普通人，但可以通过后天的训练来开发右脑，提高记忆力。

不同的地方是：_____

训练 6

1.保护环境，人人有责！

2.保护环境，大人有责！

不同的地方是：_____

训练 7

1.本书的作者开发了一款训练记忆力的安卓App。

2.本书的作者研发了一款训练记忆力的安卓App。

不同的地方是：_____

训练8

1. 记忆法很简单,关键是要坚持训练,学会运用记忆法。

2. 记忆法很简单,关键是要坚持训练,学会使用记忆法。

不同的地方是:_____

训练9

1. 如果您需要训练提高大脑能力,可以使用我的免费的App。

2. 如果你需要训练提高大脑能力,可以使用我的免费的App。

不同的地方是:_____

训练10

1. 下面我给大家介绍一个古罗马记忆术:记忆宫殿。

2. 下面我给大家介绍一个古罗马记忆木:记忆宫殿。

不同的地方是:_____

第六章

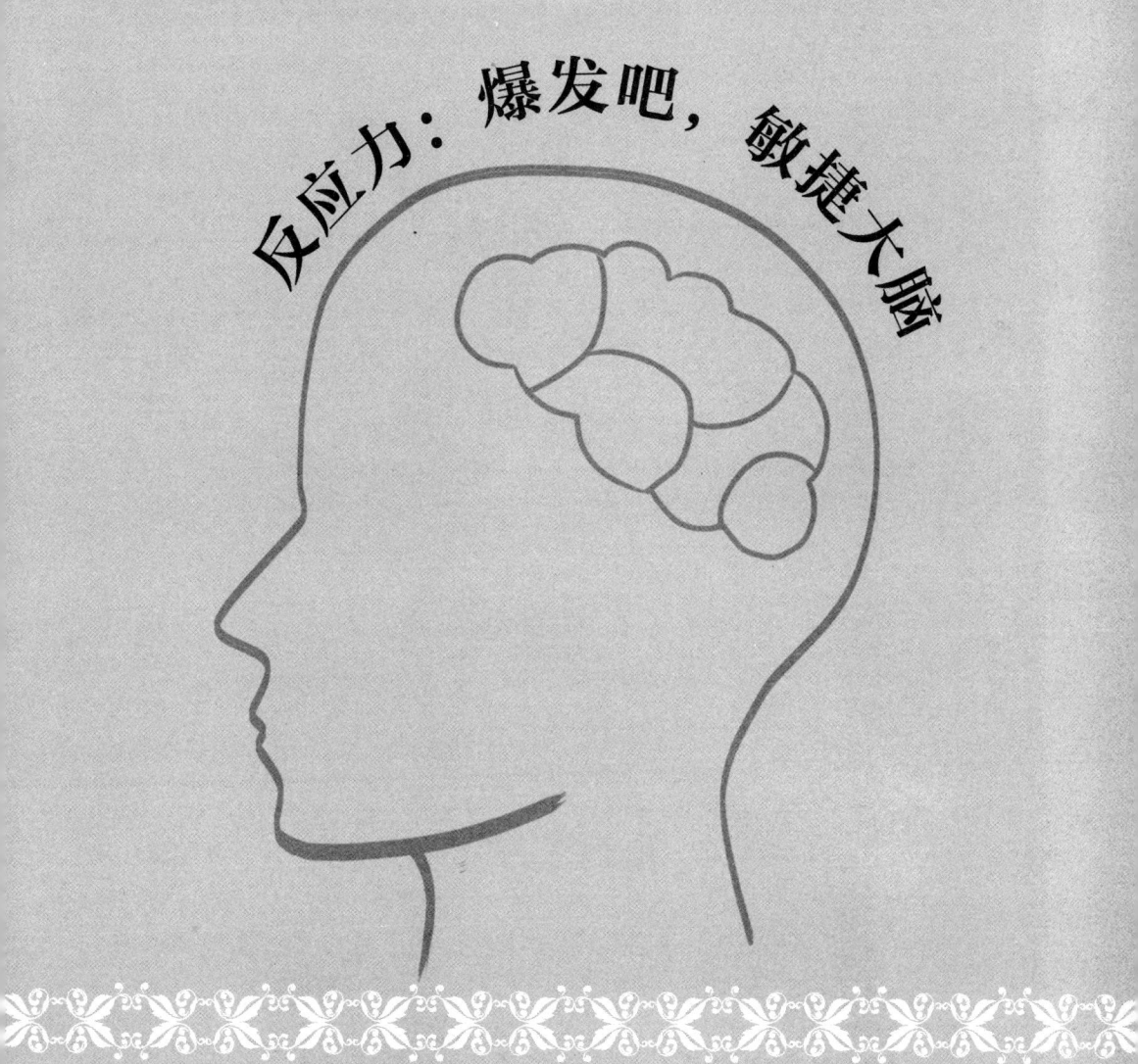

反应力：爆发吧，敏捷大脑

第一节　倒背如流

这个游戏要求将一个常见的词语或短句倒着念出来，考验的是大脑的反应能力。比如：人民→民人；反应力→力应反。

训练

请不要过多思考，试着直接将下列词语和句子倒着念出来。

大家

老大哥

电影票

星期五

我爱学习

形影相随

此起彼伏

我们一起努力

好好学习，天天向上

不要为任何人而改变

第二节　组词

这一训练的要求是，根据给出的字，在30秒之内尽可能多地组词。它考验的是快速反应能力与词汇储备。

比如：生。
组词：出生、生活、一生、生产、生命、生菜、生存、生态、生日。

训练1

姑

组词：
_____
_____

训练2

慢

组词：
_____
_____

训练3

本

组词：
_____
_____

训练4

卫

组词：
_____
_____

训练 5

　　　　　　　　　　　王

组词：
_____

_____

训练 6

　　　　　　　　　　　苦

组词：
_____

_____

训练 7

　　　　　　　　　　　电

组词：
_____

_____

训练 8

　　　　　　　　　　　奶

组词：
_____

_____

训练 9

　　　　　　　　　　　工

组词：
_____

训练 10

地

组词：

第三节　找字组词

指定一组汉字，从中挑选出字组词。要求在60秒的时间内尽可能多地组词。

比如：国、到、天、末、睡、苛、产、骠、白、限、会、有。

组词：天国、国会、国有、白天、有限、国产、限产。

训练 1

城、发、随、能、心、娃、以、灿、又、要、村、后、县、报

组词：

训练 2

孤、月、台、分、孤、舒、工、季、夫、村、睡、部、能、剑

组词：

训练 3

杂、降、要、隆、地、民、发、屏、木、必、王、天、季、处

组词：

训练4

阴、卢、可、民、子、秘、某、珠、那、珍、怕、切、承、长

组词：

训练5

悄、奶、阻、和、发、工、承、叫、萧、阿、必、骄、奶、毁

组词：

训练6

退、孤、最、参、显、戏、妥、子、强、出、划、能、姑、好

组词：

第四节　选出指定类型的词语

这一训练就是从一组词语中挑选指定类型的词语，可能是一种类型，也可能是两三种类型，并用不同的符号标注出来。要求同时标注，不能先标注一种类型的词语，再标注其他类型的词语。

比如：选出以下词语中表示电器的词语，并用√标注出来。

苹果、大象、可乐、花盆、空调、书、汽车、铁罐、太阳、项链

其中，空调为电器，那就在空调下面画上√。

又如：选出以下词语中表示电器和水果的词语，表示电器的词语用√标注出来，表示水果的词语用○标注出来。请按照词语顺序逐个标注，不要先标一类再标另一类。

铅笔、地球、香蕉、杯子、卷纸、苹果、笔记本电脑、空调、葡萄、电灯

其中,"香蕉"为水果,画〇;"苹果"为水果,画〇;"笔记本电脑"为电器,画√;"空调"为电器,画√;"葡萄"为水果,画〇;"电灯"为电器,画√。

训练1
选出以下词语中表示学习用品的词语,并用√标注出来。
橡皮、粉笔、足球、钢笔、喇叭、椅子、作业本、中药、笔袋

训练2
选出以下词语中表示学习用品和动物的词语,并分别用〇和√标注出来。
酒瓶、书包、本子、老虎、铅笔、鞋子、小鸟、橡皮、尺子

训练3
选出以下词语中表示电器和人物的词语,并分别用〇和√标注出来。
空调、电脑、妹妹、文件夹、微波炉、婶婶、哥哥、油烟机、爷爷

训练4
选出以下词语中表示人物和水果的词语,并分别用〇和√标注出来。
菠萝、西瓜、妈妈、毛笔、大伯、爷爷、香蕉、爸爸、桃子、弟弟

训练5
选出以下词语中表示水果和家具的词语,并分别用〇和√标注出来。
桌子、苹果、草莓、鞋架、杏、沙发、茶几、樱桃、椅子、哈密瓜

第五节　反着做

反着做，即"我说上，你说下"。但我们这里不会这么简单，我们要做双重的反着做。比如，有"上""下"两个字和"○""√"两个符号，如果要求给"上"画"○"，那反着做就是要在"下"画"√"。

训练1

多　少
○　√

请给"少"画"√"。

训练2

左　右
○　√

请给"左"画"√"。

训练3

后　前
○　√

请给"后"画"○"。

训练4

左　右
上　下
○　√

请给"右"画"√"，给"下"画"○"。

训练 5

多　少
下　上
○　√

请给"上"画"√",给"多"画"○",给"√"画"○"。

第六节　报出物品的数字代号

这里选取一些物品,并相应地设置数字代号,然后从这些物品中随机选取几个,要求写出相应的数字代号。

比如:

物品	数字代号
沙发	1
水桶	2
手机	3
打火机	4
坐垫	5

请遮住上面的内容,填写出下面物品所对应的数字代号:

物品	数字代号
手机	
坐垫	
沙发	
水桶	
打火机	

训练 1

物品	数字代号
大象	1

物品	数字代号
二胡	2
计算器	3
红旗	4
锅	5

请遮住上面的内容，写出下面物品所对应的数字代号：

物品	数字代号
红旗	
大象	
计算器	
二胡	
锅	

训练2

物品	数字代号
火锅	6
文具盒	7
毛笔	8
三轮车	9
花朵	10

请遮住上面的内容，写出下面物品所对应的数字代号：

物品	数字代号
火锅	
三轮车	
花朵	
毛笔	
文具盒	

训练3

物品	数字代号
杯子	2
水瓶	4
热水器	1
火车	7
毛巾	9

请遮住上面的内容，写出下面物品所对应的数字代号：

物品	数字代号
热水器	
水瓶	
杯子	
火车	
毛巾	

第七章

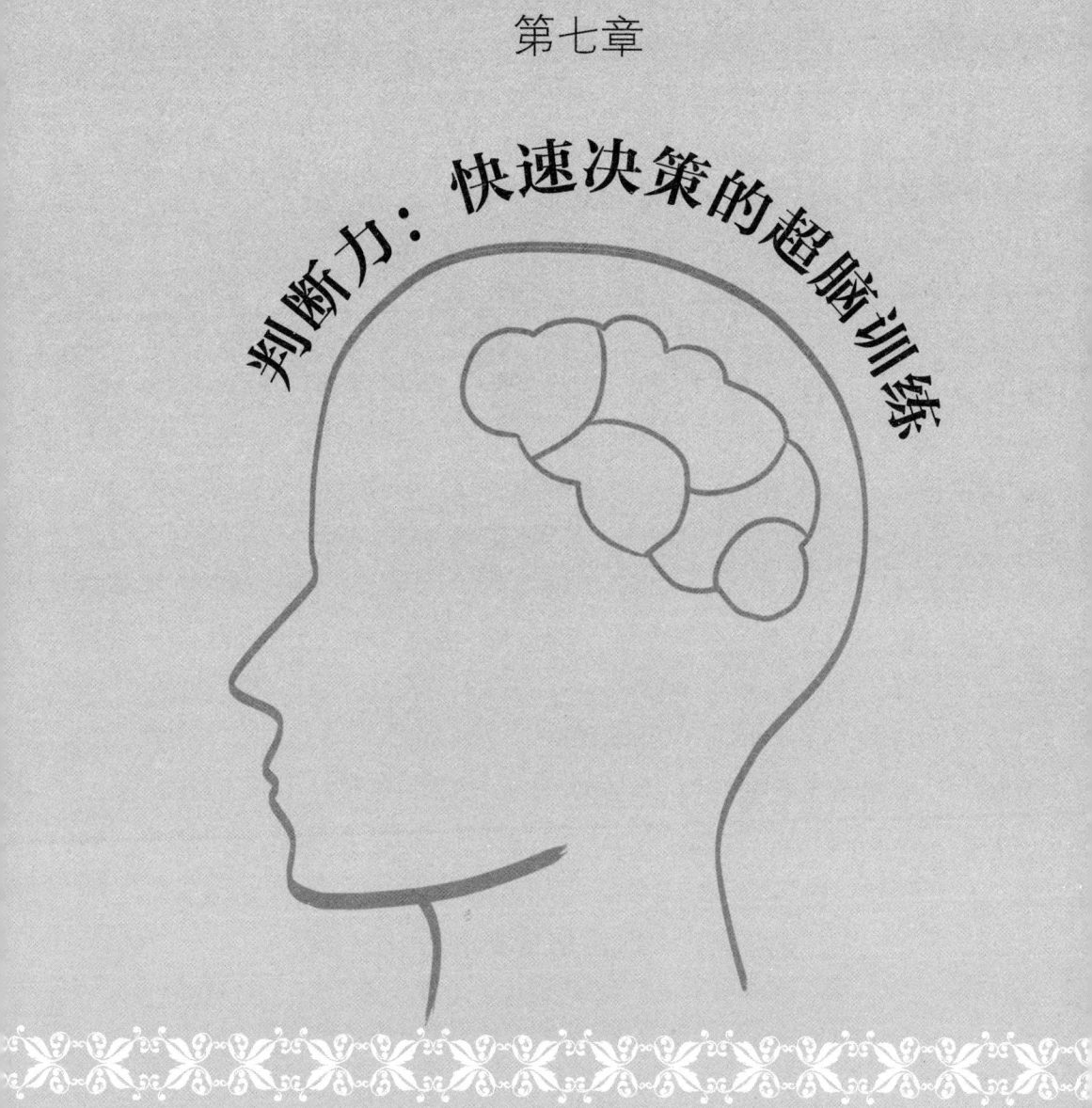

判断力：快速决策的超脑训练

第一节　算式与数字的大小比较

请判断算式与数字的大小,填上"<"或">"。

比如:1+3 ____ 6。

1+3等于4,比6小,所以这里填"<"。

即 1+3 < 6。

训练

4+7 ____ 13　　　　　　　9+6 ____ 14

8+8 ____ 21　　　　　　　13+32 ____ 47

21−12 ____ 10　　　　　　18 ____ 30−11

4×9 ____ 39　　　　　　　7×10 ____ 80

3+6×8 ____ 50　　　　　　5+5×9−2 ____ 50

8÷2+6×9 ____ 68　　　　　5+9−4+10+2×2 ____ 15

34−12+20−3×8 ____ 21　　45−11+4×11 ____ 77

36−9+15×8−20÷5 ____ 144　四加七 ____ 十二

十五减三 ____ 十三　　　　二十一减五 ____ 十七

三十乘以三 ____ 六十　　　十九加二 ____ 二十二

第二节　算式与算式的大小比较

请判断两个算式的大小,填上"<"或">"。

比如:4×9+6 ____ 4×9+7。

这道题前面都是4×9，其实只需比较6与7的大小，所以就是
4×9+6＜4×9+7。

训练

7+9-2 ____ 7+8-3

8×9+2 ____ 8×8+9

3+5×9-4 ____ 3+5×8-3

6+5×7-2 ____ 5+5×7-3

6+9×9-4 ____ 5+9×8+1

20÷4+5 ____ 20÷5+4

4×5+8÷4 ____ 3×5+8÷2

（6-3）×4 ____ （6-2）×4

五加三减四 ____ 八除以四

四加六减十加八 ____ 五加四减一减八

9+5-3 ____ 9+4-5

1+3×5-2 ____ 1+3×4-3

3+7×8-4 ____ 4+7×7-5

9+7×5 ____ 9+7×6-3

7×9+3 ____ 8×9-12

6÷3+6 ____ 6÷2+6

50-12+33 ____ 50-11+34

（7-2）×5+3 ____ （7-3）×5+4

十减四 ____ 三加二加二

第三节　哪个大

判断正常情况下两个物品、人物或动物等的大小，填上"＜"或"＞"。

比如：脚丫____袜子。

因为袜子是穿在脚上的，所以脚丫＜袜子。

训练

枕头____鞋子

书包____麻袋

鞋子____脚丫

战斗机____轰炸机

一元纸币____一元硬币

窗户____窗帘

针____树叶

抱枕____床垫

杯盖____杯口

地球____月亮

一斤棉花____一斤沙子

火柴棍____打火机

手机____手机保护套　　　　大写字母____小写字母
面具____脸颊　　　　　　　　牧羊犬____泰迪

第四节　选择量词

请给名词选择一个合适的量词。

比如：一 _件_ 衣服。

训练

一____床	一____猪	一____窗
一____笔	一____椅子	一____楼房
一____塔	一____风	一____雨
一____文章	一____画	一____照片
一____鱼	一____鸡	一____鸭蛋
一____纸	一____手机	一____电脑
一____葡萄	一____香蕉	一____筷子
一____叉子	一____镜子	一____帽子
一____围巾	一____脑袋	一____头发
一____拳头	一____腿	一____脚
一____尾巴	一____心	

第八章

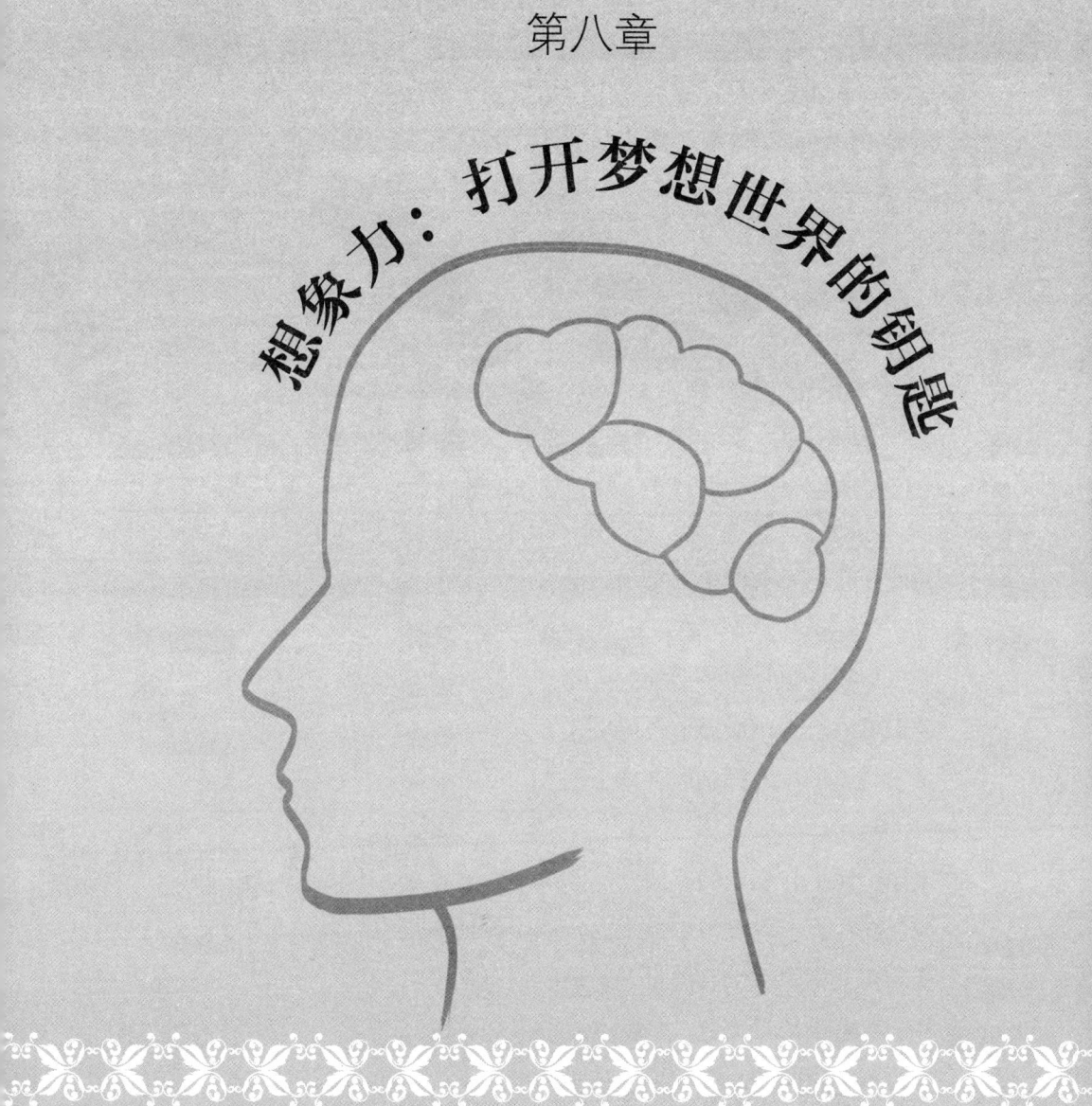

想象力：打开梦想世界的钥匙

第一节　两个物品的相似处

这项训练的要求是，尽可能多地指出两个物品的相似之处。

比如：指出桌子与椅子的相似处。

相似处：桌子与椅子都有腿。

桌子与椅子都是4条腿。

桌子与椅子都是木头做的。

椅子可以坐人，桌面上也可以坐人。

桌子与椅子一般都是放在地上的。

又如：杯子与桌子的相似处。

相似处：杯子里面可以放东西，桌子的抽屉里也可以放东西。

有的杯子有把手，有的桌子的抽屉也有把手。

杯子与桌子都有颜色。

有的杯子是圆的，有的桌子也是圆的。

训练1

尽可能多地写出手机与电脑的相似处。

训练2

尽可能多地写出鞋子与帽子的相似处。

训练3

尽可能多地写出纸箱与储物柜的相似处。

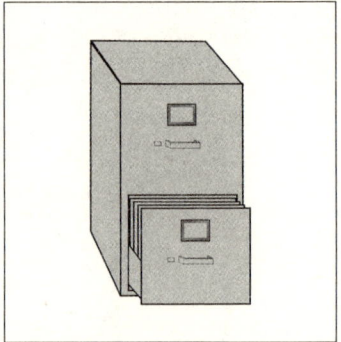

思维大爆炸
挑战超级脑力的记忆开发游戏

训练 4

尽可能多地写出汽车与滑板的相似处。

训练 5

尽可能多地写出飞机与书包的相似处。

第二节　动物与物品的相似处

请尽可能多地指出动物与物品之间的相似之处。

比如：指出狗与桌子的相似处。

相似处：狗与桌子都有腿。

狗与桌子都在地上。

狗有肚子，桌子也有"桌肚子"。

狗肚子可以"装"食物，桌子的抽屉里也可以装食物。

训练 1

尽可能多地写出猫与冰箱的相似处。

训练 2

尽可能多地写出鸭子与轮船的相似处。

训练 3

尽可能多地写出火车与蜈蚣的相似处。

第八章　想象力：打开梦想世界的钥匙

训练4
尽可能多地写出熊与坦克的相似处。

训练5
尽可能多地写出恐龙与挖掘机的相似处。

第三节　物品与数字的关联

根据指定物品的特点，说出其与哪些数字有关联。请充分发挥想象力。

比如：

狗

与数字的关联：有1条尾巴；有2只眼睛；有4条腿。

又如：

鞋盒

与数字的关联：有1个盒盖子；有上下2部分（盖子与盒子）。

训练1

飞机

与数字的关联：_____

_____

_____

训练 2

火车

与数字的关联：_____

_____

_____

训练 3

婴儿

与数字的关联：_____

_____

_____

训练 4

三轮车

与数字的关联：_____

_____

_____

训练 5

裤子

与数字的关联：_____

_____

_____

第四节　假如是我，我会怎么做

这个游戏是在脑海中假设一个情景，想象如果主人公是你，你会怎么做。

比如电脑死机了，你会重启电脑，或者关机不玩电脑了。

该游戏同样训练的是想象力，需要想象当你置身于一个未曾发生的情景中时，你会怎么处理。

训练1

你走在人行道上，前面有一个人在乱扔垃圾。

我怎么做：

训练2

马路上有一位老人摔倒了。

我怎么做：

训练3

爸爸在室内抽烟。

我怎么做：

训练4

好朋友被同学欺负了。

我怎么做：

训练5

班上同学的东西找不到了。

你怎么做：

第五节　趣味组合

请根据所列举的"主人公""到某地""做某事"的词语，组合成一个有趣的句子或故事，句子或故事要有意思，不能太枯燥。

比如：

主人公：爸爸、姐姐、我的好友。

到某地：跑进厕所、爬上铁塔、钻进下水道。

做某事：洗衣服、吃饭、拉二胡。

组合句子：

● 爸爸钻进下水道吃饭。

● 姐姐跑进厕所洗衣服。

● 我的好友爬上铁塔拉二胡。

训练1

主人公：语文老师、奶奶、学校门卫、弟弟、超市收银员。

到某地：坐在汽车里、坐在牛背上、在厕所蹲着、在药店、坐在铁锅里。

做某事：弹钢琴、吃榴莲、跪搓衣板、烤火、写作业。

组合句子：

训练2

主人公：校长、足球运动员、妈妈、数学老师、班主任。

到某地：进入后厨、跑进监狱、在浴缸里、躺在沙滩上、钻进鲸鱼肚子里。

做某事：吃沙子、玩游戏、喝西北风、扔鸡蛋、点鞭炮。

组合句子：

训练3

主人公：警察、公交车司机、老人、英语老师、班长。

到某地：在操场上、爬上旗杆、坐在桌子上、躲在床下、在池塘里。

做某事：挖树、刷油漆、洗碗、穿衣服。

组合句子：

训练 4

主人公：体育老师、学习委员、组长、教导主任、我的同桌。

到某地：趴在地上、蹲在垃圾桶里、在猪圈里、在山顶上、站在鸡圈上。

做某事：跳舞、唱歌、刷牙、找书包、咬桌子。

组合句子：

训练 5

主人公：语文老师、奶奶、学校门卫、弟弟、超市收银员、校长、足球运动员、妈妈、数学老师、班主任、警察、公交车司机、老人、英语老师、班长、体育老师、学习委员、组长、教导主任、我的同桌。

到某地：坐在汽车里、坐在牛背上、在厕所蹲着、在药店、坐在铁锅里、进入后厨、跑进监狱、在浴缸里、躺在沙滩上、钻进鲸鱼肚子里、在操场上、爬上旗杆、坐在桌子上、躲在床下、在池塘里、趴在地上、蹲在垃圾桶里、在猪圈里、在山顶上、站在鸡圈上。

做某事：弹钢琴、吃榴莲、跪搓衣板、烤火、写作业、吃沙子、玩游戏、喝西北风、扔鸡蛋、点鞭炮、挖树、刷油漆、洗碗、穿衣服、跳舞、唱歌、刷牙、找书包、咬桌子

组合句子：

第六节　奇装异服

请将指定的物品"装扮"到给出的身体部位上，使其好玩、有趣！请大家充分发挥想象力，装扮出一个另类的人物来！一个身体部位可以装扮多个物品，也可以放弃使用某一物品进行装扮。有的物品在通常情况下总装扮在某个特定的身体部位上，如帽子是戴在头上的，但在这里可以发挥想象力，将这些物品装扮到其他的身体部位上。

比如：

请通过连线的方式将左边的物品装扮到右边列出的身体部位上。

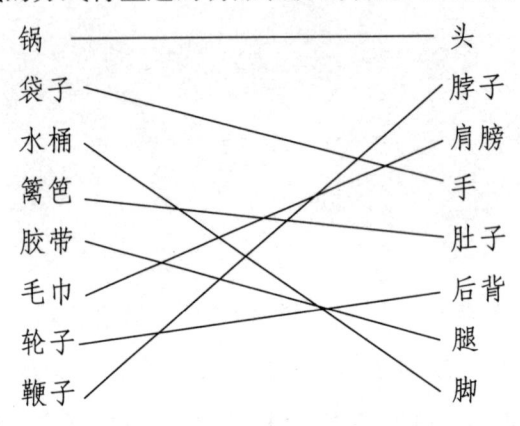

锅	头
袋子	脖子
水桶	肩膀
篱笆	手
胶带	肚子
毛巾	后背
轮子	腿
鞭子	脚

训练1

请通过连线的方式将左边的物品装扮到右边列出的身体部位上。

红旗	头
手机	脖子
书包	肩膀
围巾	手
芭蕉叶	肚子
扇子	后背
榴莲	屁股
西瓜皮	腿
纸盒	脚

训练2

请通过连线的方式将左边的物品装扮到右边列出的身体部位上。

电线	头
气球	脖子
被子	肩膀
书本	手
垫子	肚子
空调	后背
洋娃娃	屁股
脚套	腿
马鞍	脚

训练3

请通过连线的方式将左边的物品装扮到右边列出的身体部位上。

油漆	头
腰包	脖子
对联	肩膀
溜溜球	手
木板	肚子
抽屉	后背
披风	屁股
衣架	腿
被套	脚

以上训练没有固定的答案,大家可根据自己的想法自由装扮。

第七节　编故事

请用指定的名词随机编成一个故事，可以不按名词的顺序，也可以忽略某个名词。除了给出的名词，还可以自行增加主语和动词、介词等。

比如：

面包、空调、滑板、牛奶、书包

编故事：我一边吃面包，一边喝牛奶，吃完有点热，就开空调吹吹风，然后背上书包，滑着滑板去上学。

训练1

筷子、烟灰缸、笔袋、椅子、本子

编故事：

训练2

火车、麻袋、方便面、厕所、香烟、红旗、水桶、杯子

编故事：

训练3

桌子、菜刀、卷纸、石头、盒子、电脑、花、无人机、奶茶、薯条

编故事：

第八节　词语接龙

用指定词语的后一个字组词，再用新组的词的后一个字组词，以此类推，尽可能多地组词。限时60秒。

比如：词语。

词语接龙：词语—语气—气球—球员—员工—工作—作业—业绩—绩效。

训练1

大家

词语接龙：

_____

_____

训练2

衣服

词语接龙：

_____

_____

训练3

电脑

词语接龙：

_____

_____

训练4

事物

词语接龙：

_____

_____

训练 5

　　　　　　　　　　人民

词语接龙：

_____

_____

第九节　特征联想

请根据给出的描述某种特征的词进行联想，快速说出具备该特征的物品或动物。

比如：

　　　　　　　　　　尖尖的

物品：铅笔、榴莲、剪刀……

看明白了吧？下面进行具体练习。

训练 1

　　　　　　　　至少有一个平面

物品：

训练 2

　　　　　　　　　　有水的

物品：

训练 3

　　　　　　　　　　圆的

物品：

训练 4

　　　　　　　　　　中空的

物品：

训练 5

　　　　　　　　　　绿色的

物品：

第九章

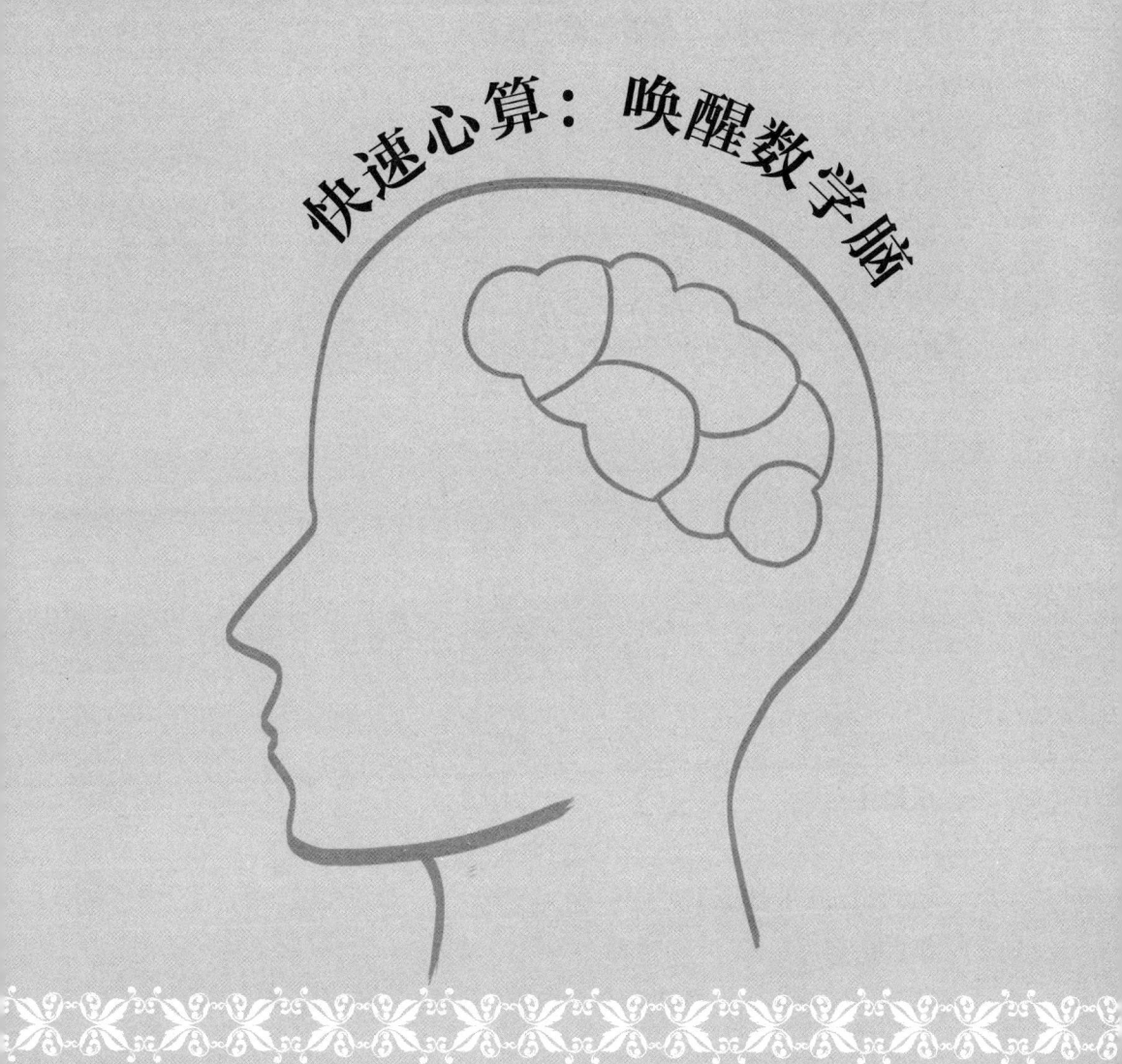

快速心算：唤醒数学脑

第一节　神奇的乘法

这是一种乘法游戏，相乘的两个数都是大于等于10、小于20的两位数。

计算方法：

第1步：将一个数与另一个数的个位数相加。

第2步：将这两个数的个位数相乘，如果所得结果为一位数，就在这个数前面补上一个0。

第3步：把第1步所得的结果与第2步所得结果的十位数相加，再在这个结果后面写上第2步所得结果的个位数。

比如：

$$12 \times 14 = ?$$

第1步：12+4=16。

第2步：2×4=8，因所得结果8是一位数，所以在前面补上0，即08。

第3步：16+0=16，再把08的个位数8写到16的后面，即168。

所以，12×14=168。

比如：

$$14 \times 18 = ?$$

第1步：14+8=22。

第2步：4×8=32。

第3步：22+3=25，再把22的个位数2写到25的后面，即252。

所以，14×18=252。

训练

11×13=＿＿＿＿　　11×18=＿＿＿＿　　12×13=＿＿＿＿

12×15=＿＿＿＿　　12×19=＿＿＿＿　　13×14=＿＿＿＿

13×16=＿＿＿＿　　14×14=＿＿＿＿　　14×17=＿＿＿＿

15×19=＿＿＿＿　　16×12=＿＿＿＿　　16×17=＿＿＿＿

17×19=＿＿＿＿　　18×13=＿＿＿＿　　19×14=＿＿＿＿

19×19=＿＿＿＿

第二节　首同尾互补的两位数的乘法

首同尾互补，是指两个相乘的两位数的十位数是相同的，个位数相加之和为10。需满足这个条件才能使用下面介绍的方法。

计算方法：

第1步：十位数加1，再乘十位数本身。

第2步：个位数相乘，如果相乘的结果为一位数，在结果前面补上一个0。

第3步：将第1步的结果写在前面，第2步的结果写在后面，即最终答案。

比如：

$$56×54=？$$

第1步：5+1=6，5×6=30。

第2步：6×4=24。

第3步：最终写在一起是3024。

所以，56×54=3024。

又如：

$$39×31=？$$

第1步：3+1=4，3×4=12。

第2步：9×1=9，因是个位数，在前面补上0，即09。

第3步：最终写在一起是1209。

所以，39×31=1209

训练

14×16=_____   22×28=_____   25×25=_____

37×33=_____   41×49=_____   53×57=_____

65×65=_____   76×74=_____   87×83=_____

93×97=_____   98×92=_____

第三节　头互补尾相同的两位数的乘法

头互补尾相同，是指两个相乘的两位数的十位数相加之和为10，个位数相同。需满足这个条件才能使用下面介绍的方法。

计算方法：

第1步：十位数相乘，再加上个位数。

第2步：个位数相乘，如果相乘的结果为一位数，在结果前面补上一个0。

第3步：将第1步的结果写在前面，第2步的结果写在后面，即最终答案。

比如：

$$34×74=？$$

第1步：3×7=21，21+4=25。

第2步：4×4=16。

第3步：最终写在一起是2516。

所以，34×74=2516。

又如：

$$91×11=？$$

第1步：9×1=9，9+1=10。

第2步：1×1=1，因所得结果是一位数，所以在前面补上0，即01。

第3步：最终写在一起是1001。

所以，91×11=1001。

训练

15×95=_____   22×82=_____   35×75=_____

47×67=_____   55×55=_____   69×49=_____

78×38=_____   85×25=_____   97×17=_____

第四节 个位数之和为10、十位数相差1的两位数的乘法

两个相乘的两位数，个位数之和为10，十位数相差1，需满足这个条件才能使用下面介绍的方法。

计算方法：

第1步：计算较大的数的十位数的平方，将得数乘以100。

第2步：计算较大的数的个位数的平方。

第3步：用第1步所得的结果减去第2步所得的结果，就是最终的答案。

比如：

$$56×44=?$$

第1步：5^2=25，25×100=2500。

第2步：6^2=36。

第3步：2500−36=2464。

所以，56×44=2464。

又如：

$$15×25=?$$

第1步：2^2=4，4×100=400。

第2步：$5^2=25$。

第3步：400−25=375。

所以，15×25=375。

训练

23×37=_____   35×25=_____   47×53=_____

58×62=_____   63×57=_____   76×64=_____

88×72=_____   99×81=_____

第五节　个位数是1的两位数的平方

计算方法：

第1步：计算十位数的平方，再将结果乘以10。

第2步：将十位数乘以2。

第3步：将第1步的结果与第2步的结果相加。

第4步：在第3步的结果后面补上1，所得数字即最终结果。

比如：

$$31^2=?$$

第1步：$3^2=9$，9×10=90。

第2步：3×2=6。

第3步：90+6=96。

第4步：96后面补上1，即961。

所以，$31^2=961$。

训练

$11^2=$_____ $21^2=$_____ $31^2=$_____

$41^2=$_____ $51^2=$_____ $61^2=$_____

$71^2=$_____ $81^2=$_____ $91^2=$_____

第六节　个位数是1的两位数的乘法

十位数是任意数，个位数是1，需满足这个条件才能使用下面介绍的方法。

计算方法：

第1步：十位数相乘之后再乘以10。

第2步：十位数相加。

第3步：将第1步所得的结果与第2步所得的结果相加，在得数后面再写上1，即最终结果。

比如：

$$31 \times 71 = ?$$

第1步：3×7=21，21×10=210。

第2步：3+7=10。

第3步：210+10=220，后面再写上1，即2201。

所以，31×71=2201。

又如：

$$51 \times 51 = ?$$

第1步：5×5=25，25×10=250。

第2步：5+5=10。

第3步：250+10=260，后面再写上1，即2601。

所以，51×51=2601。

训练

11×21=_____　　31×71=_____　　41×51=_____

51×91=_____　　61×61=_____　　71×21=_____

81×41=_____　　91×11=_____

第十章

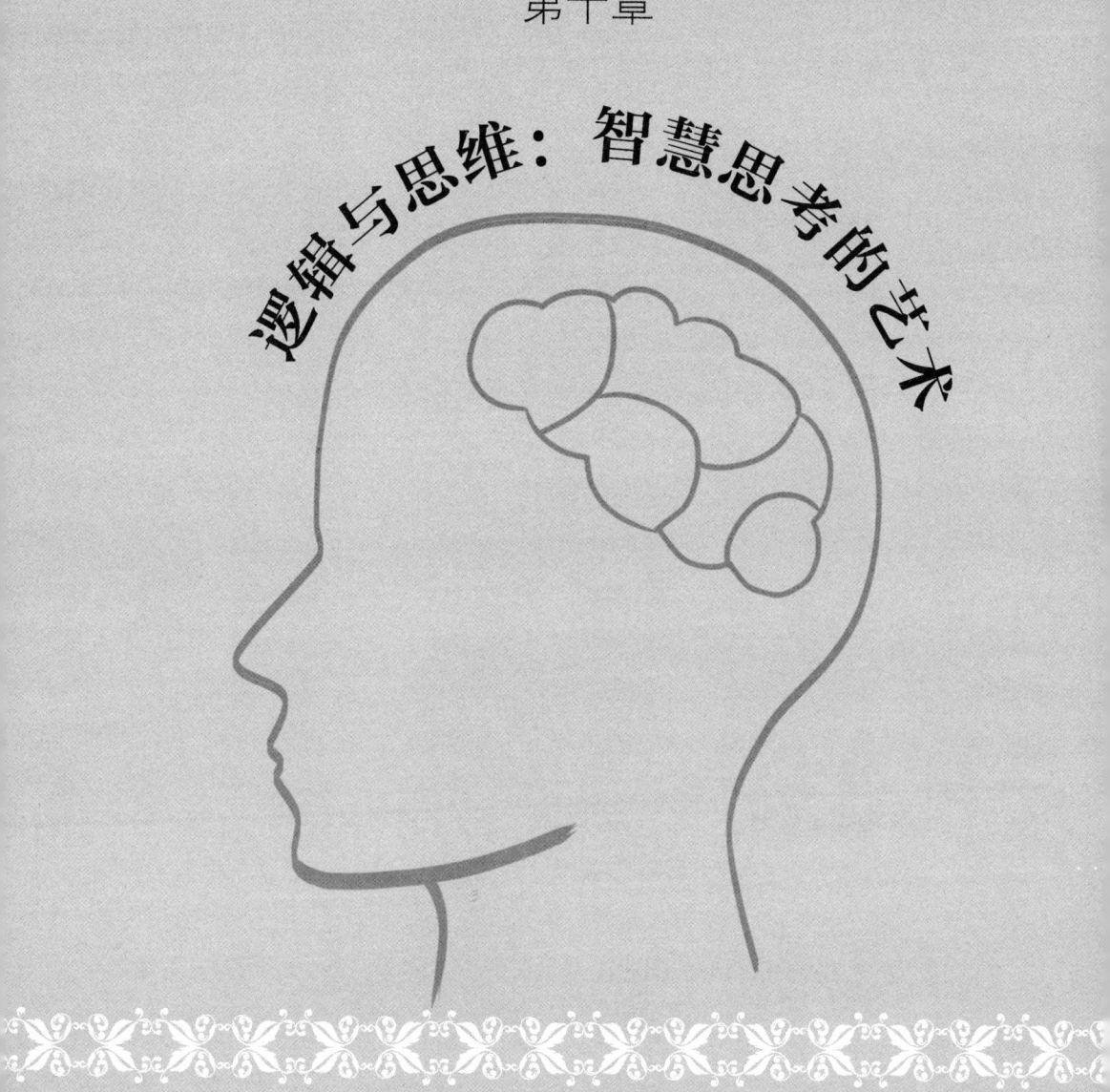

逻辑与思维：智慧思考的艺术

第一节　逻辑判断

请判断题目中所讲的是哪种逻辑关系，并在相应的关系后面画√。

训练

1. 高一与高三的逻辑关系是：

　　　　归属关系　　并列关系

2. 高二与高二（1）班的逻辑关系是：

　　　　归属关系　　并列关系

3. 一个公司里的同事之间的逻辑关系是：

　　　　合作关系　　对立关系

4. 乒乓球比赛中双方选手的逻辑关系是：

　　　　合作关系　　对立关系

5. 我做了一件好事，老师表扬了我，其中的逻辑关系是：

　　　　因果关系　　递进关系

6. 这件商品质量很好，但我没有足够的资金购买，其中的逻辑关系是：

　　　　递进关系　　转折关系

7.我通过了初级考试，现在要参加中级考试，其中的逻辑关系是：

　　　　递进关系　　因果关系　　转折关系

8.我生病了，但我还是要去学校上学，其中的逻辑关系是：

　　　　因果关系　　让步关系

9.我种了一盆花，花开了，引来了蝴蝶，其中的逻辑关系是：

　　　　递进关系　　因果关系　　转折关系

10.这一趟公交车上人太多，我决定等下一趟公交车，其中的逻辑关系是：

　　　　递进关系　　因果关系

第二节　逻辑排序

这一节大部分练习题都是日常生活与工作中常见的事项，请将完成事项的步骤进行排序。

训练1：把食物放进冰箱

a.打开冰箱门

b.关上冰箱门

c.把食物放进冰箱

正确步骤：_____

训练2：起床上学

a.起床穿衣

b.闹钟响了

c.吃早饭

d. 刷牙

e. 背上书包上学

正确步骤：＿＿＿＿＿＿＿＿＿＿

训练3：泡茶

a. 烧水

b. 放入茶叶，泡茶

c. 洗茶壶、茶杯

d. 品茶

正确步骤：＿＿＿＿＿＿＿＿＿＿

训练4：学习

a. 复习当天所学的内容

b. 上课认真听讲

c. 写家庭作业

d. 预习

正确步骤：＿＿＿＿＿＿＿＿＿＿

训练5：做菜

a. 食材出锅

b. 切好食材

c. 买好食材

d. 锅里倒入油，将油烧热

e. 上桌

f. 将食材洗干净

g. 将食材倒入锅里煮熟

正确步骤：＿＿＿＿＿＿＿＿＿＿

训练6：环境问题

a. 森林资源减少

b. 加工成一次性筷子

c. 伐木

d. 水土流失，洪水泛滥

e. 保护森林，少用一次性筷子

正确步骤：_____

训练7：清洗鞋子

a. 拿出盆接热水

b. 烧水

c. 找刷子、洗衣粉等

d. 晾晒鞋子

e. 清洗鞋子

正确步骤：_____

训练8：写书

a. 确定大纲

b. 查找资料，完善知识储备

c. 按章节写具体内容

d. 确定目录

e. 交稿审核

正确步骤：_____

训练9：编写安卓手机App

a. 学习安卓编程

b. 构思App的功能、模式等

c. 选定编写App的方向，并查找相关资料

d. 测试App，解决bug

e. 按功能、模式编写App

f. 推出App

正确步骤：_____

训练10：拖地

a. 打一桶水

b. 扫地

c. 清洗拖把

d. 拖地

正确步骤：_____

第三节　事前准备

做事一定要有逻辑性，事前该做的准备一定要做好，这样做事时才不会手忙脚乱。在接下来的训练中，我会提供一些具体的事例，请尽可能多地写出做该事前需要准备的事项。

比如：洗澡前的准备。

● 烧好洗澡的热水

● 找好干净的衣服

● 换好洗澡的拖鞋

● 查看沐浴液是否充足

● 准备好浴巾或毛巾

训练1

写作业前的准备：

_____

_____

训练2
考试前的准备：

训练3
包饺子前的准备：

训练4
开车前的准备：

训练5
郊游前的准备：

第四节 逻辑推理

这一节训练的是逻辑推理能力，一共有8道题。

1.房间外面有两个开关，分别控制房间内的两个灯。在房间外面控制开关时，看不到房间内的情况，也看不到灯光，且打开开关时，不能进入房间查看，只有在关闭开关时，才可以进入房间。请问如何判断这两个开关是分别控制哪个灯的？

2.我去买3两散装酒，但店主只有9两和6两的勺子，不过店主还是利用两个勺子给我装了3两酒，请问店主是如何做到的？

3.有5个座位，其中小B同学坐在第一个座位上，小E同学与小B同学相隔一个座位，小C同学坐在小E同学与小D同学的中间，请问小A同学坐在哪里？

4.王湖是王河的哥哥，王江是王海的哥哥，王海是王湖的爸爸。那么，王江是王河的什么人？

5.三个同学在讨论他们的身高，小A同学说他比小B同学高，小C同学说他比小B同学高，小B同学说小C同学比小A同学高。请问，哪个同学最高，哪个同学最矮？

6.我们班同学全部站成一排，从前往后数，我是第14个，从后前数，我是第18个。请问，我们班一共有多少人？

7.现在有5个未知数A、B、C、D、E，已知D>C，B>C，B>A，E>B，A>D，那么_____>_____>_____>_____>_____。

8.某大学有足球队、篮球队、乒乓球队三个运动队，请根据下列条件推出小A、小B、小C分别参加了哪个运动队？

条件1：小A同学没有参加篮球队，小C同学没有参加足球队。

条件2：每人都参加了两个运动队。

条件3：每队中都有他们三人中的两人。

小A同学参加了_____队和_____队，小B同学参加了_____队和_____队，小C同学参加了_____队和_____队。

第十一章

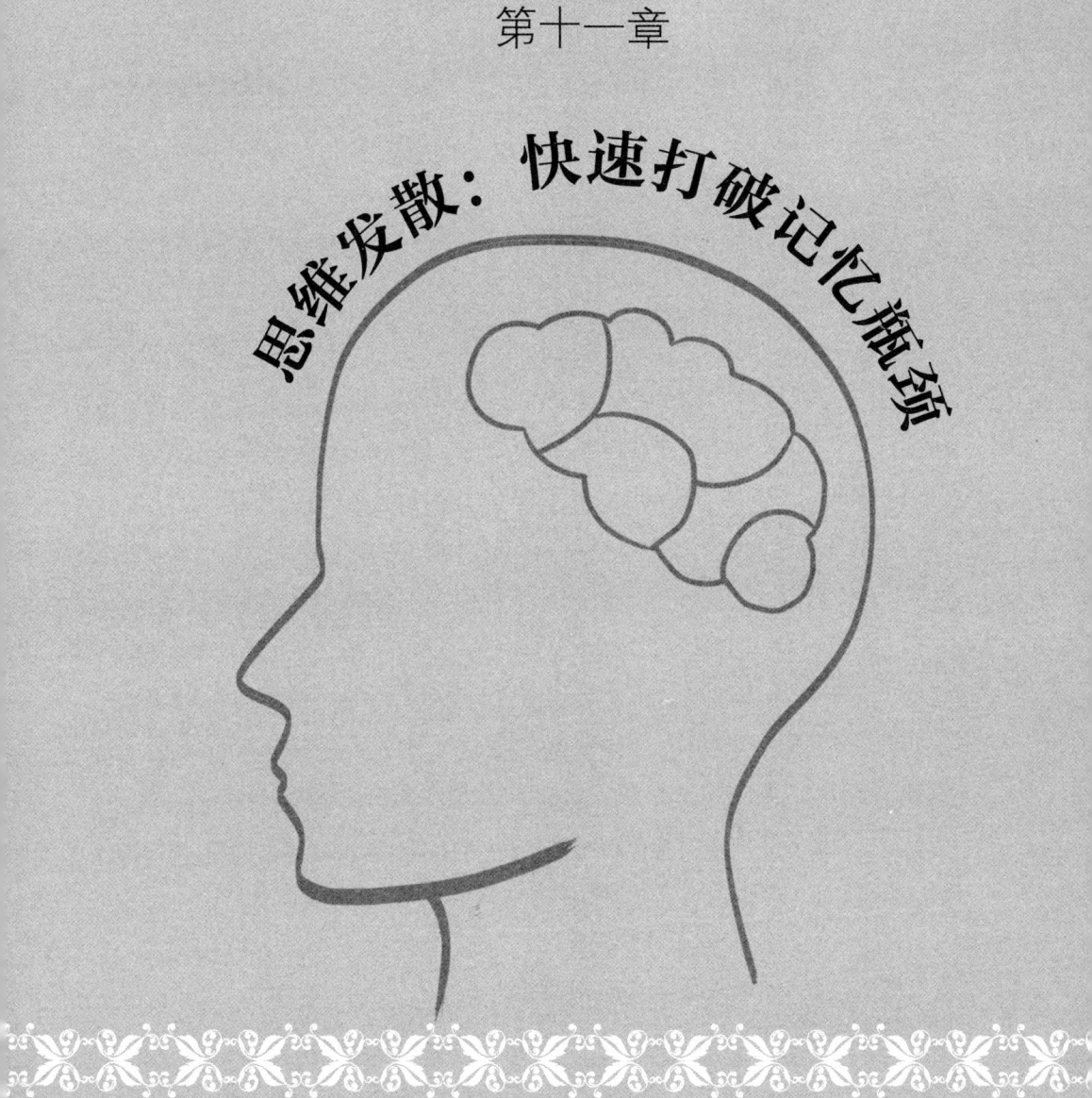

思维发散：快速打破记忆瓶颈

第一节　词语发散

从一个关键词发散出与其相关的不同的词语或事件，发散出的词语或事件越多越好。

比如：关键词是"名词"。

```
           苹果
            ↑
   电脑 ←  名词  → 鼻子
   饼干 ←       → 卷纸
            ↓
           国家
```

又如：关键词是"鱼"。

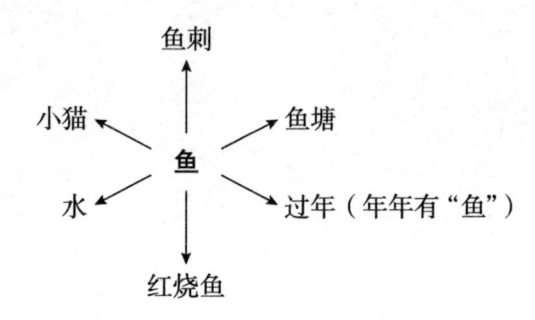

```
           鱼刺
            ↑
   小猫 ←   鱼   → 鱼塘
    水 ←        → 过年（年年有"鱼"）
            ↓
          红烧鱼
```

训练 1

关键词：动词。

动词

训练 2
关键词：木头。

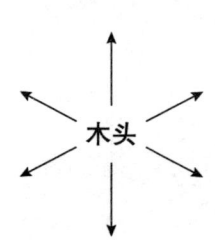

木头

训练 3
关键词：美食。

美食

训练 4
关键词：环保。

环保

训练 5

关键词:手机。

训练 6

关键词:纸。

训练 7

关键词:班级。

训练 8

关键词:求职。

训练9

关键词：水。

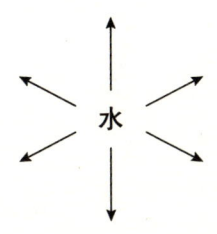

水（向八个方向发散的箭头）

训练10

关键词：做好事。

做好事（向八个方向发散的箭头）

第二节　图形发散

以一个图形为中心进行发散，可以发散出与这个图形相似的或相关的图形、词语、物体、事件等，如哪些事物中包含这个图形，或这个图形可以用来做什么，发散得越多越好。

比如：

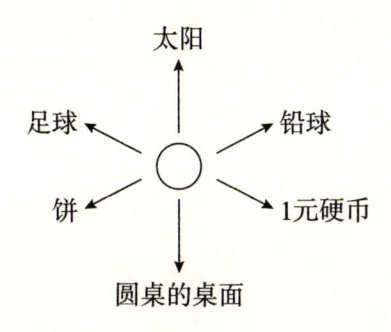

○ → 太阳、足球、铅球、饼、1元硬币、圆桌的桌面

这里箭头处所发散的都是圆形的事物。

训练 1

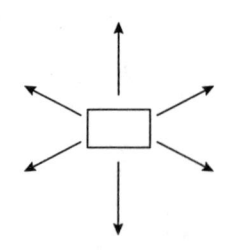

训练 2

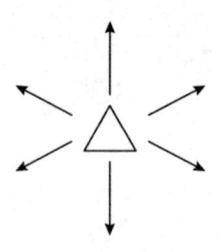

训练 3

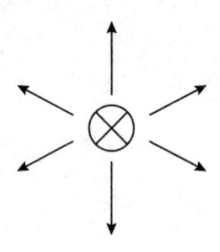

训练 4

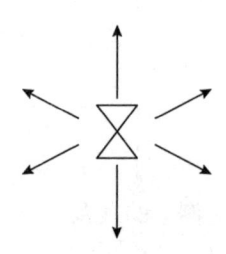

第十一章 思维发散：快速打破记忆瓶颈

训练5

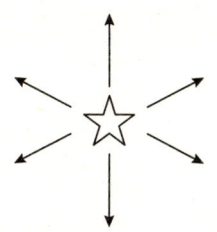

训练6

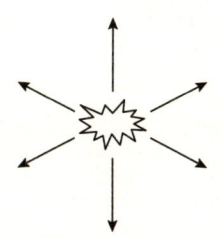

训练7

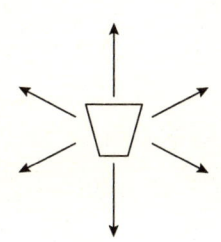

训练8

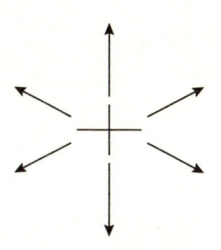

训练9

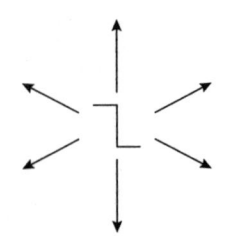

训练10

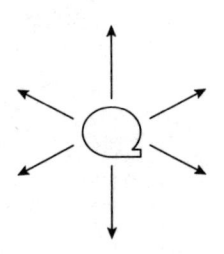

第三节　最重要的事

在我们的人生中肯定有最重要的事情或时刻，该训练是将人生中一些最重要的事以关键词的形式提炼出来，注意字数不宜太多。

比如：

最重要的一个字：爱/仁。

最重要的两个字：家庭/青春。

最重要的三个字：我能行/我爱你。

训练1

你人生中最重要的一个字：＿＿＿＿＿＿＿＿＿＿＿＿＿＿＿＿＿＿

你人生中最重要的两个字：＿＿＿＿＿＿＿＿＿＿＿＿＿＿＿＿＿＿

你人生中最重要的三个字：_____

你人生中最重要的四个字：_____

你人生中最重要的五个字：_____

你人生中最重要的六个字：_____

你人生中最重要的七个字：_____

你人生中最重要的八个字：_____

你人生中最重要的九个字：_____

你人生中最重要的十个字：_____

训练2

你人生中最重要的一句话：
_____

你人生中最重要的两句话：
_____
_____

你人生中最重要的三句话：
_____
_____
_____

你人生中最重要的四句话：

_____

_____

_____

_____

你人生中最重要的五句话：

_____

_____

_____

_____

_____

第四节 词语拆分发散联想

先进行词语拆分，把一个词语逐字拆分开来，再通过发散联想把字组成一句话或一个小故事。

比如：

根据

词语拆分：根、据。
发散联想：树根被锯（据的同音字）断了。

训练 1

依据

词语拆分：_____
发散联想：_____

训练 2

好像

词语拆分：_____

发散联想：_____

训练 3

逻辑

词语拆分：_____

发散联想：_____

训练 4

发散

词语拆分：_____

发散联想：_____

训练 5

吃惊

词语拆分：_____

发散联想：_____

训练 6

锁定

词语拆分：_____

发散联想：_____

训练 7

泡发

词语拆分：_____

发散联想：_____

训练 8

开动

词语拆分：_____

发散联想：_____

训练 9

测评

词语拆分：_____

发散联想：_____

训练 10

登录

词语拆分：_____

发散联想：_____

第五节　成语发散联想

根据已知的某个字，写出多个成语，越多越好。

比如：

一

成语：一见如故、一箭双雕、一望无际、一鸣惊人、多此一举、一心一意、一手遮天、一丝不苟。

训练 1

二

成语：_____

训练 2

三

成语：＿＿＿＿＿＿＿＿＿＿＿＿＿＿＿＿＿＿＿＿＿＿＿＿＿＿＿＿

训练 3

四

成语：＿＿＿＿＿＿＿＿＿＿＿＿＿＿＿＿＿＿＿＿＿＿＿＿＿＿＿＿

训练 4

五

成语：＿＿＿＿＿＿＿＿＿＿＿＿＿＿＿＿＿＿＿＿＿＿＿＿＿＿＿＿

训练 5

六

成语：＿＿＿＿＿＿＿＿＿＿＿＿＿＿＿＿＿＿＿＿＿＿＿＿＿＿＿＿

训练 6

七

成语：＿＿＿＿＿＿＿＿＿＿＿＿＿＿＿＿＿＿＿＿＿＿＿＿＿＿＿＿

训练 7

八

成语：＿＿＿＿＿＿＿＿＿＿＿＿＿＿＿＿＿＿＿＿＿＿＿＿＿＿＿＿

训练 8

九

成语：＿＿＿＿＿＿＿＿＿＿＿＿＿＿＿＿＿＿＿＿＿＿＿＿＿＿＿＿

训练9

十

成语：＿＿＿＿＿＿＿＿＿＿＿＿＿＿＿＿＿＿＿＿＿＿＿

第六节　拼音之谜

根据给出的汉语拼音（全拼或拼音首字母），尽可能多地写出相关的字，但不要借助拼音输入法等工具。

比如：

全拼：wo。

汉字：我、窝、卧、握。

拼音首字母：w m。

词语：我们、外面、完美、文明。

训练1

全拼：chen

汉字：＿＿＿＿＿＿＿＿＿＿＿＿＿＿＿＿＿＿＿＿＿＿＿

全拼：xian

汉字：＿＿＿＿＿＿＿＿＿＿＿＿＿＿＿＿＿＿＿＿＿＿＿

全拼：chu

汉字：＿＿＿＿＿＿＿＿＿＿＿＿＿＿＿＿＿＿＿＿＿＿＿

全拼：gao

汉字：＿＿＿＿＿＿＿＿＿＿＿＿＿＿＿＿＿＿＿＿＿＿＿

全拼：tian

汉字:＿＿＿＿＿＿＿＿＿＿＿＿＿＿＿＿＿＿＿＿＿＿＿＿＿＿＿＿

全拼:mu
汉字:＿＿＿＿＿＿＿＿＿＿＿＿＿＿＿＿＿＿＿＿＿＿＿＿＿＿＿＿

全拼:chi
汉字:＿＿＿＿＿＿＿＿＿＿＿＿＿＿＿＿＿＿＿＿＿＿＿＿＿＿＿＿

全拼:jie
汉字:＿＿＿＿＿＿＿＿＿＿＿＿＿＿＿＿＿＿＿＿＿＿＿＿＿＿＿＿

全拼:di
汉字:＿＿＿＿＿＿＿＿＿＿＿＿＿＿＿＿＿＿＿＿＿＿＿＿＿＿＿＿

全拼:ji
汉字:＿＿＿＿＿＿＿＿＿＿＿＿＿＿＿＿＿＿＿＿＿＿＿＿＿＿＿＿

训练2

拼音首字母:c r
词语:＿＿＿＿＿＿＿＿＿＿＿＿＿＿＿＿＿＿＿＿＿＿＿＿＿＿＿＿

拼音首字母:t m
词语:＿＿＿＿＿＿＿＿＿＿＿＿＿＿＿＿＿＿＿＿＿＿＿＿＿＿＿＿

拼音首字母:n j
词语:＿＿＿＿＿＿＿＿＿＿＿＿＿＿＿＿＿＿＿＿＿＿＿＿＿＿＿＿

拼音首字母:p d

词语:_____

拼音首字母:c f

词语:_____

拼音首字母:s w

词语:_____

拼音首字母:w t

词语:_____

拼音首字母:t g

词语:_____

拼音首字母:e x

词语:_____

拼音首字母:m m

词语:_____

第七节　汉字叠加

有的汉字是由多个相同的汉字组成的，比如"林"由两个"木"字组成，"森"由三个"木"字组成。请判断以下汉字中哪些可以叠加，并写出叠加的汉字，越多越好。

训练1

　　一、口、土、小、日、子、人、火、心、习

上面哪些字可以叠加？请写出叠加后的字：
_____
_____
_____

训练2

以下汉字均可叠加出另外两个字，请写出叠加后的字。

牛：_____　　　　水：_____
又：_____　　　　金：_____
吉：_____　　　　石：_____
子：_____　　　　耳：_____
犬：_____

第八节　模仿词语结构

本节练习的是模仿词语结构，如毛毛雨，与之相同结构的词语有呱呱叫、嗒嗒响等。下面请根据给出的词语，写出与之相同结构的词语，越多越好。

训练1

　　　　　亮晶晶、白茫茫

与之相同结构的词语有：_____
_____

训练2

　　　　　密密麻麻、干干净净

与之相同结构的词语有：_____
_____

训练 3

斤斤计较、头头是道

与之相同结构的词语有：_____

_____

训练 4

人山人海、有说有笑

与之相同结构的词语有：_____

_____

训练 5

大名鼎鼎、烈日炎炎

与之相同结构的词语有：_____

_____

训练 6

不折不扣、不偏不倚

与之相同结构的词语有：_____

_____

训练 7

无亲无故、无始无终

与之相同结构的词语有：_____

_____

训练 8

大吉大利、大起大落

与之相同结构的词语有：_____

训练9

请写出四个字的词语,要求其中有两个字是反义词,写得越多越好。比如"大惊小怪",其中"大"与"小"是反义词。

带反义词的词语有:_____

_____

训练10

有些两个字的词语前后汉字交换位置后,仍然能组成一个有意义的词语。比如"牙刷",前后交换位置后是"刷牙"。

交换位置后仍有意义的词语有:_____

_____

第十二章

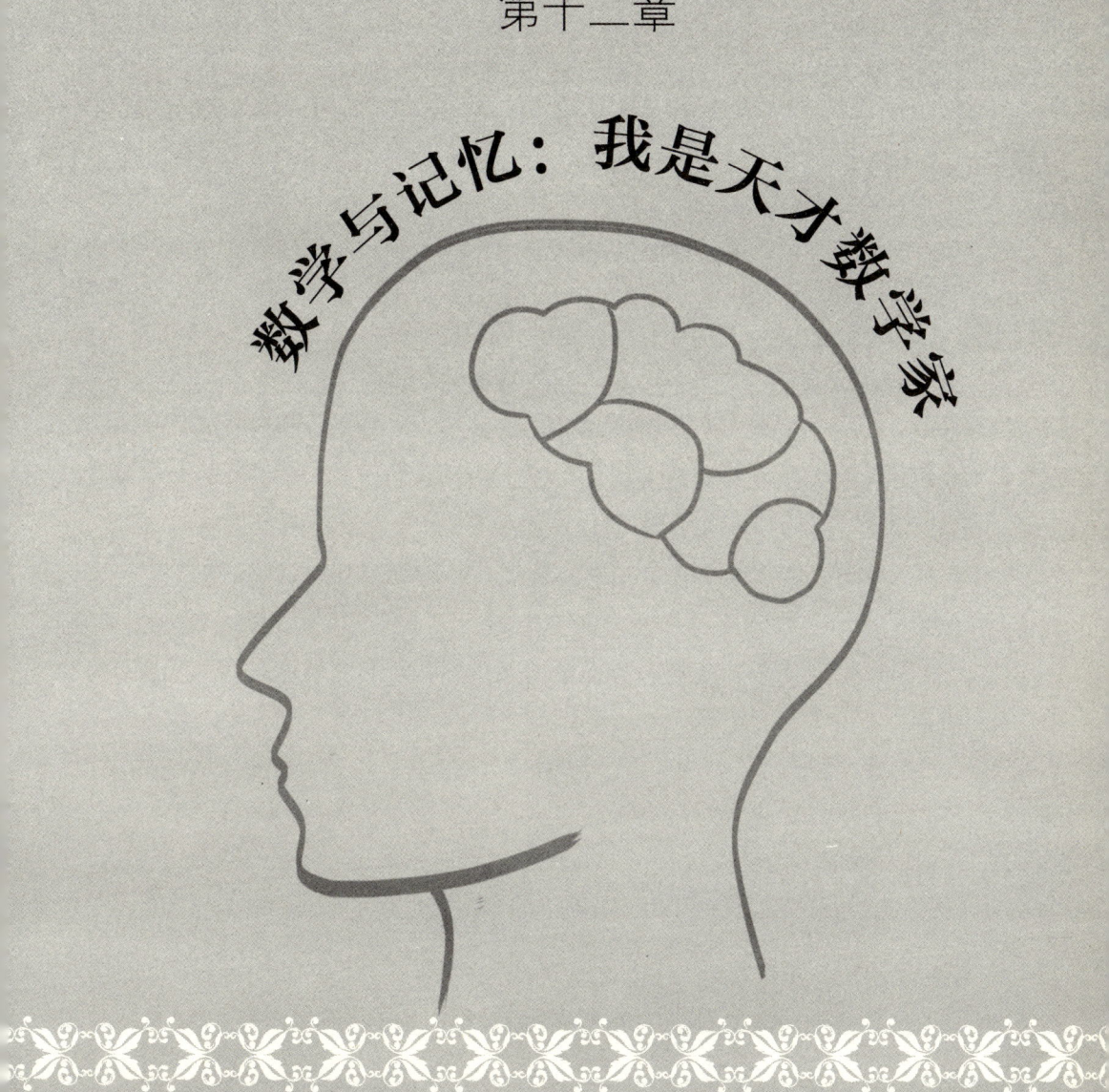

数学与记忆：我是天才数学家

第一节　简单计算

1.下列方框每两个分成一组，可以分成_____组。

2.按要求将算式填在方框里：

$$14÷2 \quad 32÷8 \quad 31÷6 \quad 58÷8$$

余数为0　　　　　余数为1　　　　　余数为2

3.普通的时钟上有_____个大格、_____个小格。

4.爸爸、妈妈每天要工作8_____。

5.一辆货车上午8点出发，第二天上午9点到达目的地，这辆货车一共行驶了_____个小时。

6.早上面对太阳，我们的前面是_____方，我们的后面是_____方，左边是_____方，右边是_____方。

7.按规律填数：

40、50、60、70、_____、_____。

111、222、333、_____、_____。

21、23、25、_____、_____。

8.最小的三位数是_____，最大的四位数是_____。

9.某学校大约有3500人，请在下列选项中选择一个最贴近实际的人数_____。

A.2345　　　　B.3900　　　　C.3465　　　　D.4000

10. 最接近2000的四位数是_____。

11. 下面图形各有几个角？

____个　　____个　　____个　　____个　　____个

12. 下图中一共有_____个角。

13. 两个千，四个百，八个十，六个一，所组成的数字是_____。

14. 在算式10÷3中，如果被除数和除数同时扩大100倍，那余数是_____。

15. 下图是一个正方体展开图，每个面上都标有一个数字，与标有数字"3"的面相对的面上标的数字是_____。

16. 把1.23的小数点向左移动两位，再向右移动一位，最终得到的数是_____。

17. 最小奇数是_____，最小偶数是_____。

18. 如果$2x=3y$，则$x/y=$_____/_____。

19. 某超市的营业时间是8点到18点，该超市共营业_____小时。

20. 如果一个圆的半径扩大2倍，那么周长扩大_____倍，面积扩大_____倍。

21. 把圆柱的侧面展开，会得到_____形。

22. 用2、5、8组成一个三位数，其中能被2整除的最大数是_____。

23. 快速计算：1+2+3+4+5+6+7+8+9=？

（注意：请不要按数字的顺序一个个相加哦！）

快速计算过程是：

_____

_____

24. 快速计算：11+12+13+14+15+16+17+18+19=？

（注意：请不要按数字的顺序一个个相加哦！）

快速计算过程是：

_____

_____

第二节　趣味数学

1. 小明给自己涂指甲油，2分钟可以涂5个指甲，那么10分钟内可以涂_____个指甲。

2. 小明有20元钱，买了7元的零食，但收银员只找给小明3元，这是因为_____。

3. 床的4个角上各有1只小狗，每只小狗附近又有4只小狗，床上一共有_____只小狗。

4. 一排树的间距都是2米，第二棵树与第五棵树间的距离是_____。

5. a=e, b=f, c=g, d=h, e=_____。

6. 根据数字排列，在空格处填写相应的数字：

　　　　1、4、7、_____、13

　　　　1、3、6、10、_____、21

　　　　1、3、7、13、_____、31

7. 一斤棉花和一斤铁，哪个重？

答：_____。

8. 从北京飞到南京要3个小时，飞机现在已经飞了1.5个小时。请问，飞机现在在哪里？

答：_____。

9. 在数字5和6之间加一笔，可以使这个新的数比5大，比6小，这个数是_____。

10. 有5个小朋友同吃一块蛋糕，需要10分钟吃完，那么如果有50个小朋友同吃10块蛋糕，需要_____分钟吃完。

11. 我有20元，你有10元，我给你_____元后，我们的钱数是一样的。

12. 办公室里有5台空调同时开着，我关掉2台空调后，办公室里还有_____台空调。

13. 如果 $x+5=y+9$，那么 x 与 y 中比较大的数是_____，用较大的数减去较小的数，所得结果是_____。

14. 鸟笼里有3只鸟，我放飞1只鸟，鸟笼里还有_____只鸟。

15. 我去超市买东西，结账时要排队，一共有9个人排队，在我前面有5个人，那在我后面有_____个人。

16. 有三个相邻的数字，前面两个数字相加正好等于第三个数字，这三个数字是_____、_____、_____。

17. 请用三笔写出一个比3大、比4小的数字，这个数字是_____。

18. 数字1用一横表示，数字2用两横表示，数字3用三横表示，那数字4用_____表示。

19. 一块正方形瓷砖被锯掉了一个直角，这个正方形还有_____个角。

20. 什么时候100 − 45不等于55？

答：_____。

第三节　拉丁方块

拉丁方块（9×9）游戏规则：9×9方块中有一个已知数，将每行、每列填入数字1—9，且每一行、每一列中不得有重复的数字。

初学者可以先从3×3方块开始，方块中有一个数字，需将数字1—3分别填入方块中，每一行、每一列中不得有重复的数字。

比如：

	2	

解答如下：

1	3	2
3	2	1
2	1	3

训练1：3×3方块

		1

训练2：4×4方块

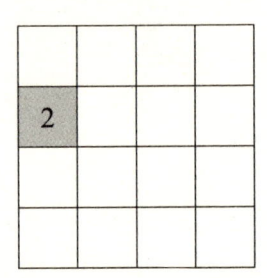

2			

训练3：5×5方块

训练4：6×6方块

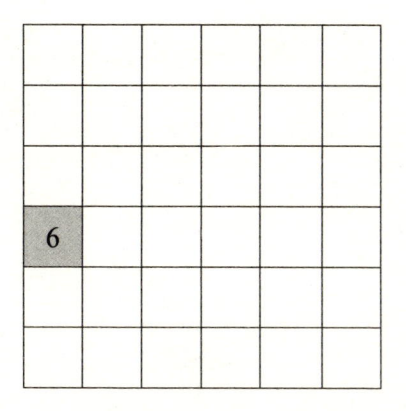

训练5：7×7方块

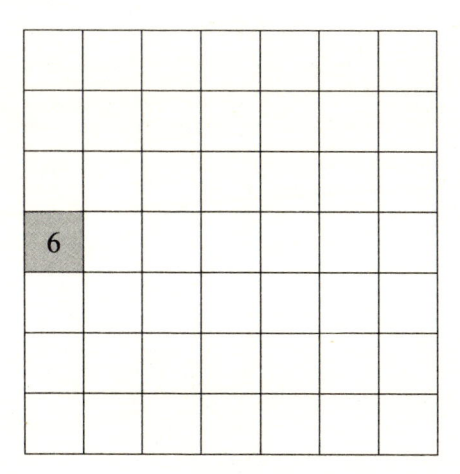

训练6：8×8方块

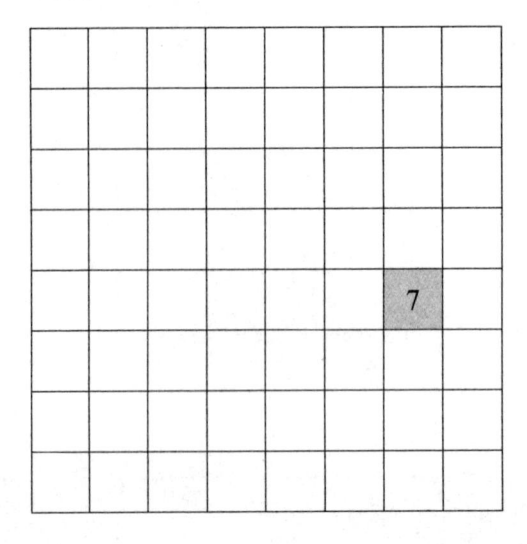

训练7：9×9方块

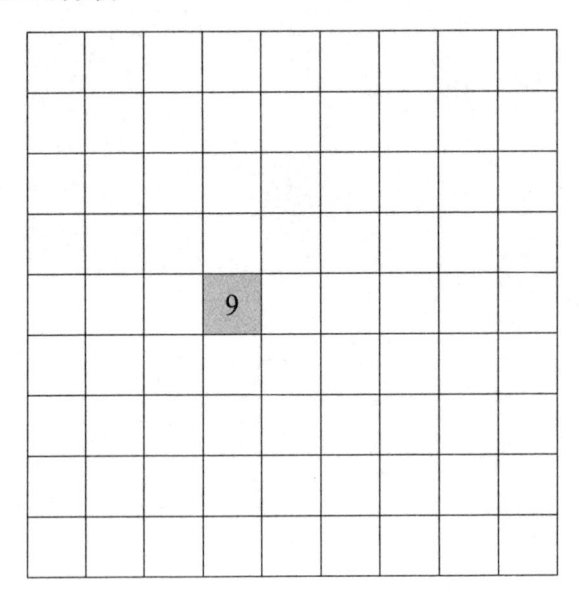

第四节 数独

数独是由拉丁方块衍生而来的，除了每一行、每一列中不得有重复的数字，每一宫（3×3）中也不得有重复的数字。

数独游戏规则：根据9×9方块中的已知数，分别在其他方块中填入数字1—9，并满足每一行、每一列、每一宫内的数字均含有1—9，且不得重复。已知数越多，数独难度越大。

宫是指9×9方块中，每3行与3列形成的固定的区域，宫与宫之间没有重复的区域。比如以下9×9方块中，相同字母的方块为一宫，即每9个方块组成一宫。

A	A	A	B	B	B	C	C	C
A	A	A	B	B	B	C	C	C
A	A	A	B	B	B	C	C	C
D	D	D	E	E	E	F	F	F
D	D	D	E	E	E	F	F	F
D	D	D	E	E	E	F	F	F
G	G	G	H	H	H	I	I	I
G	G	G	H	H	H	I	I	I
G	G	G	H	H	H	I	I	I

思维大爆炸
挑战超级脑力的记忆开发游戏

训练 1

训练 2

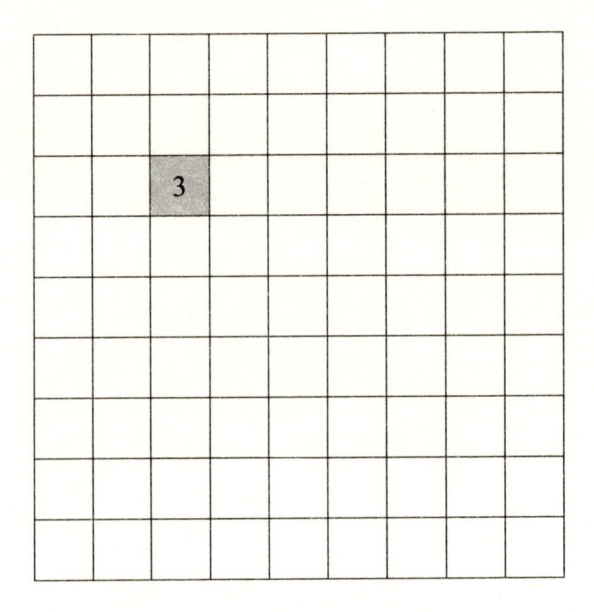

训练3

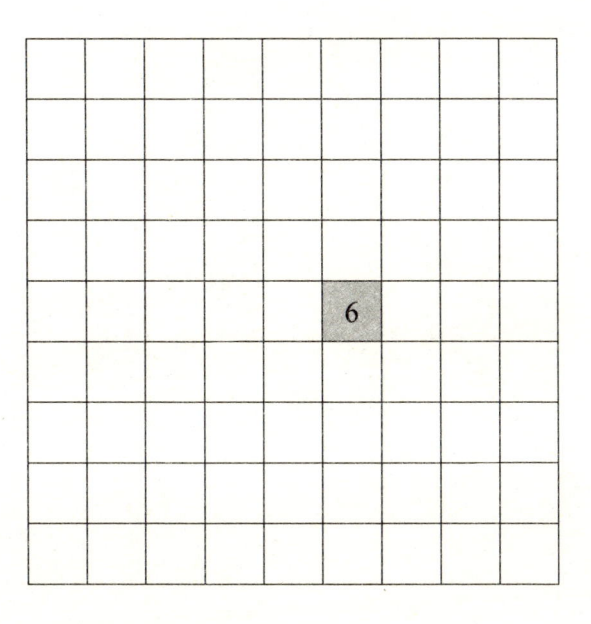

训练4

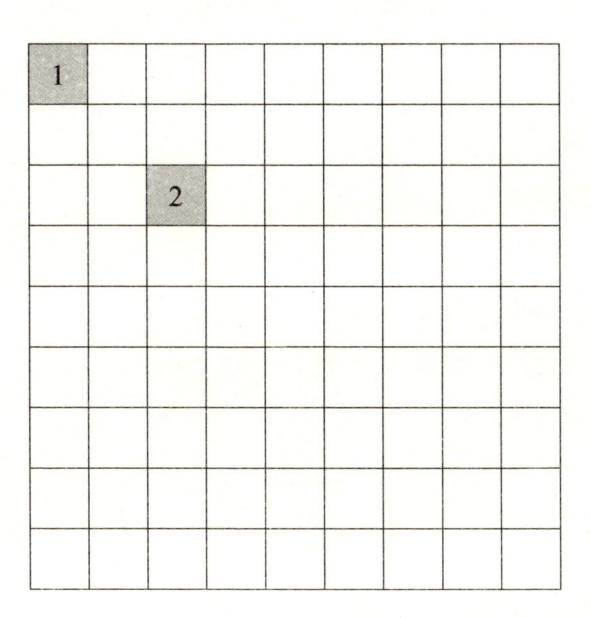

训练5

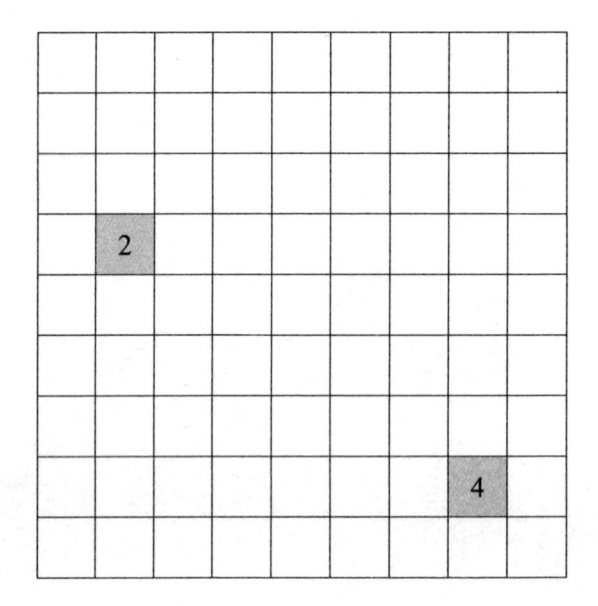

第五节 算式填空

请根据算式前后已知条件，填上合适的数字或算术符号。

比如：___+___-___=5。

解答：5+4-4=5。

又如：5___7___4 =8。

解答：5+7-4=8。

又如：(___+___)×___=9。

解答：(1+2)×3=9。

训练1

___+___+___=9 　　　　　___-___+___=2

___+___+___=2 　　　　　___×___+___=8

___+___×___=15 　　　　　___-___×___=7

___-___+___=3
___×___×___=8

___×___×___=9
___÷___+___=3

训练2

___+___+___=11
___-___-___=0
___×___-___=6
___×___-___=18
___+___-___=11

___+___+___=15
___-___+___=7
___+___×___=20
___+___-___=13
___×___-___=0

训练3

(___-___)×___=4
___×(4+___)=32
(___-___)×1=0
(___+___)×___=20
___×(___+3)=5

(___+___)×___=8
(1+___)×___=1
___×(___-___)=0
(___-___)×1=1
(___-___)×___=10

参考答案

第四章答案

第一节至第七节

无

第八节 找数圈字

训练1：找出这组数字中的6

864123588754345677886312096 43186326

训练2：找出这组数字中的1

09674147861471587815771031 5891184671

训练3：找出这组数字中的0

97641547896432189218964319 8753125272

没有0。

训练4：找出这组数字中的2

89078433247539543054395734 3224682478

训练5：找出这组数字中的5

86548508623439957532899723 7658835633

训练6：找出这组数字中的8

75890096742453567349093258 4935903498

训练7：找出这三组数字中的偶数

09165909651269416809548321 9638953768

73407641699876422589732589 8543578866

78432905372590573095327566 6340129578

训练8：找出这三组数字中的奇数

96042137808653319786424775 4322357777

8723156890674236787645324788754324780832184369342653478843020132749957 43

训练9：找出这三组数字中的2的倍数

9526808414788645887643368854347875 32
7854389543753405903259843475689690 28
9743943287439543774392392817489474 29

训练10：找出这三组数字中的3的倍数

8902156885008764247898754136899615 673
3122340946322943329753285349632970 964
0432895743043275437932485347538932 483

训练11：找出这三组数字中的4的倍数

7063268854379965457898644698654578 864
3429789794230981873649385793429483 254
7578543972344967573268965943728645 457

训练12：找出这组数字中与2相加为10的数

7478953457988643237887542157864256 852

训练13：找出这组数字中与6相加为10的数

5248843478852479426589742689876437 672

训练14：找出这组数字中与1相加为5的数

8955989633248975415891487852588425 884

训练15：找出这组数字中减3为4的数

8643932566432532743924783265389732 57

训练16：找出这组数字中2为5的数

8594358953464329543753949326432465 43

第九节 报数

训练1：按顺序写出1—100中的奇数

1、3、5、7、9、11、13、15、17、19、21、23、25、27、29、31、33、35、37、39、41、43、45、47、49、51、53、55、57、59、61、63、

65、67、69、71、73、75、77、79、81、83、85、87、89、91、93、95、97、99。

训练2：按顺序写出1—100中的2的倍数

2、4、6、8、10、12、14、16、18、20、22、24、26、28、30、32、34、36、38、40、42、44、46、48、50、52、54、56、58、60、62、64、66、68、70、72、74、76、78、80、82、84、86、88、90、92、94、96、98。

训练3：按顺序写出1—100中的3的倍数

3、6、9、12、15、18、21、24、27、30、33、36、39、42、45、48、51、54、57、60、63、66、69、72、75、78、81、84、87、90、93、96、99。

训练4：按顺序写出1—100中的质数

2、3、5、7、11、13、17、19、23、29、31、37、41、43、47、53、59、61、67、71、73、79、83、89、97。

第十节 找不同

训练1

1111111111111111111111111111

11111111111111117111111111111

1111111111111111111111111111

1111111111111111111111111111

1111111111111111111111111111

训练2

3333333333333333333333333333

3333333333333333333333333333

3333333333333333333333333333

333333333333333333333333833333

3333333333333333333333333333

训练3

9999999999999999999999999999

9999999999999999999999999999

9699999999999999999999999999

9999999969999999999999999999

9699999999999999999999999999

训练4

日日日日日日日日日日日日日日日日日

日日日日日日日日日日日日日日日日日

日日日日日日日日日日日日日日日日日日

日日日日日日日日日日日日日日日日日

日日日日日日日日日日日日日日日日

训练5

甲甲甲甲甲甲甲甲甲甲甲甲甲甲甲甲

甲甲甲甲甲甲早甲甲甲甲甲甲甲甲甲

甲甲甲甲甲甲甲甲甲甲甲甲甲甲甲甲

甲甲甲甲甲甲甲甲甲甲甲甲甲甲甲甲

甲甲甲甲甲甲甲甲甲甲甲甲甲甲甲甲

训练6

荣荣荣荣荣荣荣荣荣荣荣荣荣荣荣荣荣

荣荣荣荣荣荣荣荣荣荣荣荣荣荣荥荣

荣荣荣荣荣荣荣荣荣荣荣荣荣荣荣荣

荣荣荣荣荣荣荣荣荣荣荣荣荣荣荣荣

荣荣荣荣荣荣荣荣荣荣荣荣荣荣荣荣

训练7

肓肓肓肓肓肓肓肓肓肓肓肓肓肓肓

肓肓肓肓肓肓肓肓肓肓肓肓肓肓肓

肓肓肓肓肓肓肓肓肓肓肓肓肓肓肓

肓肓肓肓肓肓肓肓肓肓肓肓肓肓肓

肓肓肓肓肓肓肓肓肓肓肓肓肓肓肓

训练 8

天天天天天天天天天天天天天
天天天天天天天天天<u>大</u>天
天天天天天天天天天天天
天天天天天天天天天天
天天天天天天天天天天

训练 9

甲甲甲甲甲甲甲甲甲甲甲甲
甲甲甲甲甲甲甲甲甲甲甲甲
甲<u>甲</u>甲甲甲甲甲甲甲甲甲甲
甲甲甲甲甲甲甲甲甲甲甲甲
甲甲甲甲甲甲甲甲甲甲甲甲

训练 10

天天天天天天天天天天天天天
天天天天天天天天天天天天天
天<u>天</u>天天天天天天天天天天天
天天天天天天天天天天天天天

训练 11

巳巳巳巳巳巳巳巳巳巳巳巳
巳巳巳巳巳巳巳巳巳巳巳巳
巳巳巳巳巳巳巳巳巳巳巳巳
巳巳巳巳巳巳<u>己</u>巳巳巳巳巳
巳巳巳巳巳巳巳巳巳巳巳巳

训练 12

土土土土土土土土土土土土
土土土土土土<u>上</u>土土土土土
土土土土土土土土土土土土

士士士士士士士士士士士士士士士士士
士士士士士士士士士士士士士士士士士

训练 13

令令令令令令令令令令令令令
令令令令令令令令令令令令令
令令令令令令亽令令令令令令
令令令令令令令令令令令令令
令令令令令令令令令令令令令

训练 14

姐姐姐姐姐姐姐姐姐姐姐姐姐
姐姐姐姐姐姐姐姐姐姐姐姐姐
姐姐姐姐姐姐姐姐姐妲姐姐姐
姐姐姐姐姐姐姐姐姐姐姐姐姐
姐姐姐姐姐姐姐姐姐姐姐姐姐

第十一节　找相同

训练 1

有 7 个 5。

训练 2

有 26 个 3。

训练 3

有 31 个 8。

训练 4

没有禾字。

训练 5

有 5 个日字。

训练 6

有 6 个十字。

训练7

需、为。

训练8

在、城、震、霜。

训练9

橱、苛、酚。

训练10

欢喜、愿意、欢腾。

训练11

需要、查询、压根。

训练12

尽可能、知识、轻松、学习。

第十二节　视点凝视

无

第十三节　视点移动

无

第十四节　注意力分配

无

第十五节　旋转问题

9；66；669；231；431；69；81；393。

第五章答案

第一节　文字异同

训练1：数字

相同、不同、不同、相同、不同、不同、相同。

训练2：字母

相同、不同、相同、不同、相同、不同。

训练3：随机字符

不同、相同。

训练4：汉字

相同、不同、相同、不同、相同。

第二节 图形之异

无

第三节 找相同

训练1

第一张图和第五张图相同。

训练2

第三张图和第四张图相同。

训练3

第二张图和第五张图相同。

训练4

第二张图和第四张图相同。

训练5

第一张图和第四张图相同。

训练6

第二张图和第六张图相同。

训练7

第一张图和第四张图相同。

第四节 图形规律

训练1	第8个图形是	（八边形）
训练2	第12个图形是	（梯形）

训练 3	第 22 个图形是	→
训练 4	第 103 个图形是	⊕
训练 5	第 7 个图形是	□
训练 6	第 11 个图形和 13 个图形分别是	△ ⬡
训练 7	第 10 个图形是	→
训练 8	第 6 个图形是	⬡
训练 9	第 10 个图形是四边形	
训练 10	第 10 个图形是带一个向右箭头的图形	

第五节 棋盘复原

无

第六节 缺少的字符

训练1

5。

训练2

7。

训练3

8。

训练4

14。

训练5

9。

训练6

8。

训练7

f。

训练8

e。

训练9

v。

训练10

w。

训练11

七。

训练12

八。

训练13

五。

训练14

丁。

训练15

己。

第七节　数字规律

训练1

（a）9。从左到右依次递增2。

（b）8。从左到右依次递增2。

（c）20。从左到右依次递增3。

（d）32。从左到右依次递增5。

（e）17。从左到右依次递减3。

（f）162。前一个数字乘以3得出后一个数字。

（g）11。前一个数字除以2得出后一个数字。

（h）47。第一个数字加2等于第二个数字，第三个数字加2等于第四个数字，以此类推。

（i）29。从左到右依次递增4。

（j）18。第一个数字与第二个数字相加得出第三个数字，第四个数字与第五个数字相加得出第六个数字，以此类推。

（k）10。第一个数字与第二个数字相减得出第三个数字，第四个数字与第五个数字相减得出第六个数字，以此类推。

（l）21。第一个数字与第二个数字相乘得出第三个数字，第四个数字与第五个数字相乘得出第六个数字，以此类推。

（m）20。第一个数字加1得出第二个数字，第二个数字加2得出第三个数字，第三个数字加3得出第四个数字，以此类推。

（n）120。第一个数字与第二个数字相乘得出第三个数字，第三个数字与第四个数字相乘得出第五个数字，以此类推。

（o）15、17。第三、六、九、十二个数字均为5；第一个数字与第二个数字之间递增2，第四个数字与第五个数字之间是递增2，以此类推；与此同时，第一个数字、第四个数字、第七个数字、第十个数字依次增加2、4、6，第二个数字、第五个数字、第八个数字、第十一个数字依次增加2、4、6。

（p）3、8或1、10。第一个数字与第二个数字相加得出第三个数字，第四个数字与第五个数字相加得出第六个数字，以此类推。

（q）9、11、10、12。第一个数字与第二个数字之间相差2，第三个数字与第四个数字之间相差2，以此类推，且第一、三、五、七、九、十一个数字为一组，第二、四、六、八、十、十二个数字为一组，循环递增1和3。例如，第一个数字加1得到第三个数字，第三个数字加3得到第五个数字，第五个数字加1得到第七个数字，第七个数字加3得到第九个数字。

（r）23、30。第一个数字加1得到第二个数字，第二个数字加2得到第三个数字，第三个数字加3得到第四个数字，以此类推。

训练2

3	4	7
1	5	6
4	4	8

3	2	1
6	2	4
9	2	7

5	1	5
4	6	24
3	9	27

1	5	4
4	6	2
7	10	3

3	2	6
6	7	4
9	9	10

2	4	1
1	2	8
3	6	9

1	2	5
1	6	15
1	3	3

1	6	4
1	4	6
4	6	1

训练3

3	2	5	10
1	4	6	11
4	2	7	13
1	3	5	9

1	3	4	2
3	5	8	4
4	6	10	5
7	1	**8**	4

2	3	1	5
4	2	6	36
5	1	7	42
6	3	5	**45**

6	2	4	2
7	3	2	5
2	5	3	4
40	**1**	5	6

第八节 看图画图

无

第九节 数黑点

训练1
9。

训练2
6。

训练3
7。

训练4
12。

训练5
11。

训练6
13。

训练7
11。

训练8
11。

训练9
13。

训练10
12。

训练11
19。

训练12
10。

第十节 不一样的句子

训练1
森林/树林。

训练2
水/茶。

训练3
记忆力/记忆法。

训练4
回家/回去。

训练 5

大脑/右脑。

训练 7

开发/研发。

训练 9

您/你。

训练 6

人人/大人。

训练 8

运用/使用。

训练 10

记忆术/记忆木。

第六章答案

第一节 倒背如流

无

第二节 组词

训练 1

姑姑、姑父、姑娘、姑妈、姑且、姑息、尼姑。

训练 2

慢慢、慢工、慢待、傲慢、怠慢、且慢。

训练 3

本意、本月、根本、书本、本土、本子、本领、画本、本人、文本。

训练 4

保卫、守卫、卫生、自卫、环卫、防卫、捍卫、后卫、卫兵、警卫。

训练 5

王国、王法、山大王、国王、蜂王、王牌、王朝。

训练 6：

苦瓜、痛苦、刻苦、苦水、辛苦、苦学、吃苦、诉苦、叫苦、苦口。

训练 7

电机、火电、电话、电力、电车、发电、电影、电器、电池、密电。

训练 8

奶妈、奶油、奶奶、牛奶、奶嘴、奶娘、断奶。

训练9

工人、工作、开工、工业、分工、美工、工会、打工、工蚁。

训练10

土地、地球、田地、地板、地毯、地点、地址、地质、地主、地壳。

第三节 找字组词

训练1

随心、县城、发心、随后、发报、以后。

训练2

月台、分工、工部、村夫、部分。

训练3

杂耍、天地、天王、地王。

训练4

子民、可怕、长子、珍珠。

训练5

奶奶、阻工。

训练6

最强、戏子、退出、最好、划出、姑子。

第四节 选出指定类型的词语

训练1

橡皮、粉笔、钢笔、作业本、笔袋。

训练2

（学习用品）书包、本子、铅笔、橡皮、尺子。

（动物）老虎、小鸟。

训练3

（电器）空调、电脑、微波炉、油烟机。

（人物）妹妹、婶婶、哥哥、爷爷。

训练4

（人物）妈妈、大伯、爷爷、爸爸、弟弟。

（水果）菠萝、西瓜、香蕉、桃子。

训练5

（水果）苹果、草莓、杏、樱桃、哈密瓜。

（家具）桌子、鞋架、沙发、茶几、椅子。

第五节 反着做

无

第六节 报出物品的数字代号

无

第七章答案

第一节 算式与数字的大小比较

4+7 < 13

8+8 < 21

21-12 < 10

4×9 < 39

3+6×8 > 50

8÷2+6×9 < 68

34-12+20-3×8 < 21

36-9+15×8-20÷5 < 144

十五减三 < 十三

三十乘以三 > 六十

9+6 > 14

13+32 < 47

18 < 30-11

7×10 < 80

5+5×9-2 < 50

5+9-4+10+2×2 > 15

45-11+4×11 > 77

四加七 < 十二

二十一减五 < 十七

十九加二 < 二十二

第二节 算式与算式的大小比较

7+9-2 > 7+8-3

8×9+2 > 8×8+9

3+5×9-4 > 3+5×8-3

6+5×7-2 > 5+5×7-3

6+9×9-4 > 5+9×8+1

20÷4+5 > 20÷5+4

9+5-3 > 9+4-5

1+3×5-2 > 1+3×4-3

3+7×8-4 > 4+7×7-5

9+7×5 < 9+7×6-3

7×9+3 > 8×9-12

6÷3+6 < 6÷2+6

4×5+8÷4 > 3×5+8÷2　　　　　　50−12+33 < 50−11+34

（6−3）×4 <（6−2）×4　　　　　（7−2）×5+3 >（7−3）×5+4

五加三减四 > 八除以四　　　　　十减四 < 三加二加二

四加六减十加八 > 五加四减一减八

第三节　哪个大

枕头>鞋子　　　　　　　针<树叶

书包<麻袋　　　　　　　抱枕<床垫

鞋子>脚丫　　　　　　　杯盖>杯口

战斗机<轰炸机　　　　　地球>月亮

一元纸币>一元硬币　　　一斤棉花=一斤沙子

窗户<窗帘　　　　　　　火柴棍<打火机

手机<手机保护套　　　　大写字母>小写字母

面具>脸颊　　　　　　　牧羊犬>泰迪

第四节　选择量词

一张床　　　　一头猪　　　　一扇窗

一支笔　　　　一把椅子　　　一幢楼房

一座塔　　　　一阵风　　　　一场雨

一篇文章　　　一幅画　　　　一张照片

一条鱼　　　　一只鸡　　　　一个鸭蛋

一张纸　　　　一部手机　　　一台电脑

一粒葡萄　　　一根香蕉　　　一根筷子

一把叉子　　　一面镜子　　　一顶帽子

一条围巾　　　一颗脑袋　　　一根头发

一个拳头　　　一条腿　　　　一只脚

一条尾巴　　　一颗心

第八章答案

第一节　两个物品的相似处

本节没有标准答案，以下答案只是作为参考。

训练1

1. 都是电子产品。

2. 都需要用电。

3. 都有屏幕。

4. 都能玩游戏。

5. 都会短路。

训练2

1. 都是穿戴的。

2. 都有凹进去的"洞"。

3. 有的鞋子与帽子材质差不多。

4. 都可以装东西。

训练3

1. 都可以装东西。

2. 都有矩形的面。

3. 使用时都需要打开。

训练4

1. 都有轮子。

2. 都能载人。

3. 都有"底盘"。

4. 都需要驾驶。

5. 都可以代步。

训练5

1. 都有"肚子"可以装东西。

2. 都需要人来使用。

第二节　动物与物品的相似处

训练1

1.都有"脚"。

2.都有"肚子"。

3.都会"吃"食物。

训练2

1.都会游泳。

2.都会发声,鸭子会叫,轮船也可以鸣笛。

3.鸭子的脖子像老式轮船的大烟囱。

训练3

1.相对来说,都比较长。

2.都有很多"脚"。

3.都是在地上"爬"的。

训练4

1.都是大块头。

2."叫声"都很大。

3.攻击力都很强。

训练5

1.都有长长的"脖子"。

2.破坏力惊人。

第三节　物品与数字的关联

训练1

飞机有1个机头、2个机翼、3个起落架、4个舱门(2个登机门、2个勤务门)。

训练2

火车有1个火车头。

训练3

婴儿有1张嘴、2只手、10根手指。

训练4

三轮车有1个坐垫、2个把手、3个轮子。

训练5

裤子有2个裤筒、4个口袋。

第四节至第九节

无

第九章答案

第一节　神奇的乘法

11×13=143	11×18=198	12×13=156
12×15=180	12×19=228	13×14=182
13×16=208	14×14=196	14×17=238
15×19=285	16×12=192	16×17=272
17×19=323	18×13=234	19×14=266
19×19=361		

第二节　首首同尾互补的两位数的乘法

14×16=224	22×28=616	25×25=625
37×33=1221	41×49=2009	53×57=3021
65×65=4225	76×74=5624	87×83=7221
93×97=9021	98×92=9016	

第三节　头互补尾相同的两位数的乘法

15×95=1425	22×82=1804	35×75=2625
47×67=3149	55×55=3025	69×49=3381
78×38=2964	85×25=2125	97×17=1649

第四节　个位数之和为10、十位数相差1的两位数的乘法

23×37=851	35×25=875	47×53=2491
58×62=3596	63×57=3591	76×64=4864
88×72=6336	99×81=8019	

第五节　个位数是1的两位数的平方

$11^2=121$　　　　　$21^2=441$　　　　　$31^2=961$

$41^2=1681$　　　　$51^2=2601$　　　　$61^2=3721$

$71^2=5041$　　　　$81^2=6561$　　　　$91^2=8281$

第六节　个位数是1的两位数的乘法

11×21=231　　　　31×71=2201　　　　41×51=2091

51×91=4641　　　　61×61=3721　　　　71×21=1491

81×41=3321　　　　91×11=1001

第十章答案

第一节　逻辑判断

1. 并列关系。　　　　　　2. 归属关系。

3. 合作关系。　　　　　　4. 对立关系。

5. 因果关系。　　　　　　6. 转折关系。

7. 递进关系。　　　　　　8. 让步关系。

9. 因果关系。　　　　　　10. 因果关系。

第二节　逻辑排序

训练1

a—c—b。

训练2

b—a—d—c—e。

训练3

a—c—b—d。

训练4

d—b—a—c。

训练5

c—f—b—d—g—a—e。

训练6

c—b—a—d。

训练7

b—c—a—e—d。

训练8

b—a—d—c—e。

训练9

a—c—b—e—d—f。

训练10

b—a—d—c。

第三节　事前准备

本节训练没有标准答案，以下内容仅供参考。

训练 1

写作业前的准备：

1. 拿出书本复习。

2. 准备好作业本、笔等。

训练 2

考试前的准备：

1. 准备好纸笔等文具。

2. 提前到考场。

3. 舒缓心情。

训练 3

包饺子前的准备：

1. 做馅。

2. 和面。

3. 制作饺子皮。

训练 4

开车前的准备：

1. 检查汽车周围情况。

2. 检查车胎。

3. 上车查看倒车镜等。

4. 行进前鸣笛一次。

训练 5

郊游前的准备：

1. 准备好零食。

2. 准备好几样简单的医护用品。

3. 查看郊游线路。

4. 查看天气、路况等。

第四节　逻辑推理

1.先长时间打开一个灯，然后关闭进入房间，查看哪个灯发热，就是先前那个开关控制的。

2.先把9两的勺子装满酒，再倒入6两的勺子里，倒满，9两的勺子里所剩的酒就是3两。

3.5个同学的座位依次是B、A、E、C、D。

4.是爸爸或伯伯。

5.小C同学最高，小B同学最矮。

6.我们班一共有31人。

7.E>B>A>D>C。

8.小A同学参加足球队和乒乓球队，小B同学参加足球队和篮球队，小C同学参加篮球队和乒乓球队。

第十一章答案

第一节　词语发散

训练1

动词：打开、上升、旋转、跳跃、点击、撞击……

训练2

木头：桌子、船、桥、相框、衣架、地板……

训练3

美食：臭豆腐、小吃店、摆摊、美食一条街、酒、锅……

训练4

环保：垃圾桶、垃圾分类、垃圾袋、植树、骑自行车……

训练5

手机：华为、手机壳、充电器、手机卡、充电宝、记忆宫殿App、手机支付……

训练6

纸：书本、试卷、鞋盒、风筝、香烟、纸杯……

训练7

班级：班主任、班长、课桌、流动红旗、学校、值日……

训练8

求职：面试、上网搜索、工作地点、专业、打电话、简历……

训练9

水：杯子、池塘、鱼、海洋、净水器、泼水节……

训练10

做好事：捡垃圾、扶老奶奶过马路、救人、帮助同学、捐款、给流浪狗喂食……

第二节　图形发散

训练1

长方形、桌面、电视机、填空框、玻璃……

训练2

三角形、三角尺、三角桌、三角形警示牌……

训练3

汽车轮子、方向盘、风扇、管道口……

训练4

沙漏、两个三角形、两块比萨、积木……

训练5

五角星、国旗、军帽……

训练6

爆炸、榴莲、水倒地上、破碎的镜子……

训练7

梯形、木箱子、石墩子……

训练8

加号、十字架、十字路口、两根棍子……

训练9

字母Z、Z字形路口、拖拉机摇把……

训练10

地板吹风机、口哨、字母Q……

第三节　最重要的事

无

第四节　词语拆分发散联想

训练1

依据

词语拆分：依—据。

发散联想：一（依）把锯（据）子。

训练2

好像

词语拆分：好—像。

发散联想：好好的大象（像）。

训练3

逻辑

词语拆分：逻—辑。

发散联想：挪（逻）走鸡（辑）。

训练4

发散

词语拆分：发—散。

发散联想：头发散了。

训练5

吃惊

词语拆分：吃—惊。

发散联想：吃一斤（惊）食物。

训练6

锁定

词语拆分：锁—定。

发散联想：锁定住了。

训练7

泡发

词语拆分：泡—发。

发散联想：泡一泡头发。

训练8

开动

词语拆分：开—动。

发散联想：开始动了。

训练9

测评

词语拆分：测—评。

发散联想：侧（测）面的屏（评）幕。

训练10

登录

词语拆分：登—录。

发散联想：用脚蹬（登）鹿（录）。

第五节　成语发散联想

训练1

二话不说、二龙戏珠、二人同心、三心二意、二姓之好、二一添作五、独一无二……

训练2

三十而立、三位一体、三人成虎、三皇五帝、岁寒三友、三顾茅庐、孟母三迁、狡兔三窟、退避三舍、入木三分、三山五岳、绕梁三日……

训练3

四面楚歌、四面八方、四通八达、四平八稳、四书五经、四海为家、四大皆空、四海升平、四分五裂、四体不勤、四角俱全……

训练 4

五花大绑、九五之尊、五十步笑百步、学富五车、三山五岳、五子登科、五谷丰登、五光十色、五彩缤纷、五彩斑斓、五体投地、五马分尸、五大三粗、五蕴皆空……

训练 5

六道轮回、身怀六甲、六月飞霜、六根清净、六神无主、六亲不认、五音六律、眼观六路、六合之内、六亲无靠、五脏六腑、三亲六眷、五合六聚、六根清净、六神不安……

训练 6

七步成诗、七拼八凑、七窍冒火、七窍生烟、七上八下、七嘴八舌、七折八扣……

训练 7

半斤八两、才高八斗、耳听八方、八斗之才、八方呼应、八荒之外、八九不离十、胡说八道、乱七八糟、横七竖八、杂七杂八……

训练 8

九死一生、九五之尊、九九归一、一言九鼎、十拿九稳、九天揽月、十室九空、含笑九泉、数九寒冬、九曲回肠、九州四海、九泉之下、九天仙女、羿射九日、十年九不遇、九死不悔、九天九地、九世之仇……

训练 9

十恶不赦、十发十中、十口相传、十里长亭、十里洋场、十米九糠、十面埋伏、十拿九稳、十年寒窗、十年磨剑、十全十美、十人九慕、十室九空、十万火急……

第六节 拼音之谜

训练 1

全拼：chen

汉字：陈、晨、沉、尘……

全拼：xian

汉字：先、现、线、嫌……

全拼：chu

汉字：出、处、初、除、储……

全拼：gao

汉字：高、告、稿、糕……

全拼：tian

汉字：天、填、甜、田……

全拼：mu

汉字：木、母、目、墓……

全拼：chi

汉字：吃、迟、池、尺……

全拼：jie

汉字：节、接、姐、戒……

全拼：di

汉字：第、地、笛、低……

全拼：ji

汉字：鸡、记、几、急……

训练2

拼音首字母：c r

词语：传入、成人、承认、传染……

拼音首字母：t m

词语：题目、他们、土木、太慢……

拼音首字母：n j

词语：南京、脑筋、年纪、娘家……

拼音首字母：p d

词语：配对、判断、排队、皮带……

拼音首字母：c f

词语：充分、吃饭、拆分、炒饭……

拼音首字母：s w

词语：思维、十五、食物、守卫……

拼音首字母：w t

词语：问题、外套、舞台、梧桐……

拼音首字母：t g

词语：提高、推广、题干、通过……

拼音首字母：e x

词语：恶心、恶习、鹅心、饿醒……

拼音首字母：m m

词语：慢慢、密码、妹妹、面膜……

第七节 汉字叠加

训练1

一、二、三　　　　　　　　口、吕、品

土、圭、垚　　　　　　　　小、尛

日、昌、晶　　　　　　　　子、孖

人、从、众　　　　　　　　火、炎、焱

心、惢　　　　　　　　　　习、羽

训练2

牛：牪、犇　　　　　　　　水：沝、淼

又：双、叒　　　　　　　　金：鍂、鑫

吉：喆、嚞　　　　　　　　石：砳、磊

子：孖、孨　　　　　　　　耳：聑、聶

犬：狀、猋

第八节 模仿词语结构

训练1

胖乎乎、懒洋洋、红彤彤……

训练2

家家户户、轰轰烈烈……

训练3

栩栩如生、历历在目……

训练4

自言自语、诚心诚意……

训练5

文质彬彬、风尘仆仆……

训练6

不屈不挠、不卑不亢……

训练7

无情无义、无拘无束……

训练8

大慈大悲、大彻大悟……

训练9

黑白相间、左右为难、因小失大、积少成多、远近闻名、大呼小叫……

训练10

图画—画图、奶牛—牛奶、喜欢—欢喜、缓和—和缓、白雪—雪白、犯罪—罪犯……

第十二章答案

第一节　简单计算

1. 3。

2. 余数为0的有"14÷2"和"32÷8"，余数为1的有"31÷6"，余数为2的有"58÷8"。

3. 12、60。

4. 小时。

5. 25。

6. 东、西、北、南。

7. 80、90。

   444、555。

   27、29。

8. 100、9999。

9. C。

10. 1999。

11. 4、4、3、0、7。

12. 6。

13. 2486。

14. 1。

15. 6。

16. 0.123。

17. 1、2。

18. 3、2。

19. 10。

20. 2、4。

21. 长方形。

22. 852。

23. 1+9=10，2+8=10，3+7=10，4+6=10；10×4+5=45。

    最终结果是45。

24. 11+19=30，12+18=30，13+17=30，14+16=30；30×4+15=135。

    最终结果是135。

第二节　趣味数学

1. 10。因为人只有10个手指甲。

2. 小明只付了10元钱。

3. 5。

4. 6米。

5. a。

6. 10、15、21。

7. 一样重。

8. 在天上。

9. 5.6。

10. 10。

11. 5。

12. 5。

13. x，4。

14. 2。

15. 3。

16. 1、2、3。

17. 介于3与4之间的小数，如3.1。

18. 四。

19. 5。

20. 算错的时候。

第三节　拉丁方块

训练1：3×3方块

2	1	3
1	3	2
3	2	1

训练2：4×4方块

1	2	3	4
2	1	4	3
3	4	2	1
4	3	1	2

训练3：5×5方块

2	3	4	1	5
5	4	3	2	1
1	5	2	4	3
4	1	5	3	2
3	2	1	5	4

训练4：6×6方块

1	2	3	4	5	6
2	3	4	5	6	1
3	4	5	6	1	2
6	5	2	1	4	3
4	6	1	2	3	5
5	1	6	3	2	4

训练5：7×7方块

1	2	3	4	5	6	7
2	3	4	5	6	7	1
3	4	5	6	7	1	2
6	5	7	1	2	3	4
4	6	2	7	1	5	3
5	7	1	2	3	4	6
7	1	6	3	4	2	5

训练6：8×8方块

8	7	6	5	4	3	1	2
1	8	7	6	5	4	2	3
2	1	8	7	6	5	3	4
3	2	1	8	7	6	4	5
5	4	3	2	1	8	**7**	6
4	6	2	3	8	1	5	7
7	5	4	1	3	2	6	8
6	3	5	4	2	7	8	1

训练7：9×9方块

3	2	1	8	9	4	6	5	7
2	1	9	7	4	3	5	8	6
1	9	8	6	3	5	2	7	4
9	8	7	5	2	1	4	6	3
8	7	6	**9**	1	2	3	4	5
7	6	5	4	8	9	1	3	2
6	5	4	3	7	8	9	2	1
5	4	3	2	6	7	8	1	9
4	3	2	1	5	6	7	9	8

第四节　数独

训练1

1	2	3	4	5	6	7	8	9
4	5	6	7	8	9	1	2	3
7	8	9	1	2	3	4	5	6
2	3	1	5	6	4	8	9	7
5	6	4	8	9	7	2	3	1
8	9	7	2	3	1	5	6	4
3	1	2	6	4	5	9	7	8
6	4	5	9	7	8	3	1	2
9	7	8	3	1	2	6	4	5

训练2

7	8	9	1	2	3	4	5	6
4	5	6	7	8	9	1	2	3
1	2	**3**	4	5	6	7	8	9
8	9	7	2	3	1	5	6	4
5	6	4	8	9	7	2	3	1
2	3	1	5	6	4	8	9	7
9	7	8	3	1	2	6	4	5
6	4	5	9	7	8	3	1	2
3	1	2	6	4	5	9	7	8

训练3

5	6	4	8	9	7	2	3	1
2	3	1	5	6	4	8	9	7
8	9	7	2	3	1	5	6	4
4	5	6	7	8	9	1	2	3
1	2	3	4	5	6	7	8	9
7	8	9	1	2	3	4	5	6
6	4	5	9	7	8	3	1	2
3	1	2	6	4	5	9	7	8
9	7	8	3	1	2	6	4	5

训练4

1	9	3	4	5	6	7	8	2
4	5	6	7	8	2	1	9	3
7	8	2	1	9	3	4	5	6
9	3	1	5	6	4	8	2	7
5	6	4	8	2	7	9	3	1
8	2	7	9	3	1	5	6	4
3	1	9	6	4	5	2	7	8
6	4	5	2	7	8	3	1	9
2	7	8	3	1	9	6	4	5

训练5

3	1	2	6	4	5	8	9	7
9	7	8	3	1	2	5	6	4
6	4	5	7	8	9	2	3	1
1	2	3	4	5	6	7	8	9
7	8	9	1	2	3	4	5	6
4	5	6	8	9	7	1	2	3
2	3	1	5	6	4	9	7	8
8	9	7	2	3	1	6	4	5
5	6	4	9	7	8	3	1	2

第五节　算式填空

训练1

3+3+3=9

1+1+0=2

5+2×5=15

6-4+1=3

2×2×2=8

6-4+0=2

2×2+4=8

9-1×2=7

3×3×1=9

8÷4+1=3

训练2

5+2+4=11

8+6+1=15

6−5−1=0
8×2−10=6
7×3−3=18
2+9−0=11

9−7+5=7
8+6×2=20
21+12−20=13
3×0−0=0

训练3

(3−1)×2=4
4×(4+4)=32
(9−9)×1=0
(5+5)×2=20
1×(2+3)=5

(2+6)×1=8
(1+0)×1=1
5×(1−1)=0
(8−7)×1=1
(3−1)×5=10

图书在版编目（CIP）数据

思维大爆炸 . 挑战超级脑力的记忆开发游戏 / 陈家佳著 . —北京：中国法制出版社，2020.12
（福尔摩斯头脑风暴系列）
ISBN 978-7-5216-1536-4

Ⅰ . ①思⋯　Ⅱ . ①陈⋯　Ⅲ . ①智力游戏　Ⅳ . ① G898.2

中国版本图书馆 CIP 数据核字（2020）第 261926 号

策划编辑：杨智（yangzhibnulaw@126.com）

责任编辑：王悦（wangyuefzs@163.com）　　　　　　　　封面设计：汪要军

思维大爆炸 . 挑战超级脑力的记忆开发游戏
SIWEI DA BAOZHA. TIAOZHAN CHAOJI NAOLI DE JIYI KAIFA YOUXI
著者 / 陈家佳
经销 / 新华书店
印刷 / 三河市国英印务有限公司
开本 / 710 毫米 × 1000 毫米　16 开　　　　　　印张 / 16　字数 / 231 千
版次 / 2020 年 12 月第 1 版　　　　　　　　　　2020 年 12 月第 1 次印刷

中国法制出版社出版
书号 ISBN 978-7-5216-1536-4　　　　　　　　　　　　　　　定价：49.80 元

北京西单横二条 2 号　邮政编码 100031　　　　　　传真：010-66031119
网址：http://www.zgfzs.com　　　　　　　　　　　编辑部电话：010-66038703
市场营销部电话：010-66033393　　　　　　　　　邮购部电话：010-66033288
（如有印装质量问题，请与本社印务部联系调换。电话：010-66032926）